「説得力」を強くする

必ず相手を納得させる14の作戦

藤沢晃治　著

ブルーバックス

●装幀／芦澤泰偉・児崎雅淑
●カバーイラスト／ネモト円筆
●本文イラスト／いたばしともこ
●図版／さくら工芸社
●本文デザイン／土方芳枝

はじめに

私たちは無人島で生活しているわけではありません。否が応でも社会の中で人と係わり合いながら生きています。誰もが感じている通り、人生を快適に過ごせるかどうかは、この「人と人との係わり合い」の技術が決め手です。そして、人と人との係わり合いを制する力こそ、本書が追求する「説得力」ではないでしょうか。

社会の中で生きるとは、大勢の人に囲まれながら自分の道を進むことを意味します。自分の周囲にいる人々は、自分が進む方向を邪魔する敵にもなれば、背中を押してくれる味方にもなります。説得力とは、自分の味方を増やしてくれる一番強力な武器と言えるでしょう。原始人の武器は、太い棍棒だったかもしれませんが、私たち現代人の武器は説得力です。原始人の棍棒は敵を攻撃する武器ですが、説得力は味方を増やすだけの平和的な武器です。

先日、起床した際、激しい喉の痛みに気づきました。恐らく就寝中に風邪を引いたのでしょう。出張に出かける日だったので、翌日まで仕事のため、病院へ行く余裕がありません。取り急ぎ、市販薬でしのぐしかなく、急いで喉の薬をネット検索してみました。

候補として三種類ほどの市販薬に絞られました。そのうち二つの薬のネット広告では、商品説明がびっしりと詳細に記載されていました。しかし、三つめの薬は、説明がとても簡潔でした。とくに冒頭で「とにかく喉の痛みを早く取りたいなら、これです！」と大きな文字で表示されていたのです。このメッセージが妙に印象に残り、説得力がありました。結局、私が駅前の薬局で買ったのは、広告が一番シンプルで説得力があったその薬でした。

この状況は見方を変えれば、製薬会社どうしが私に自社製品を買ってもらおうと、広告の競争をしていたわけです。その競争を決定づけたのは、やはり「説得力」でした。ささいな日常生活の一コマにすぎませんが、説得力の勝負が私たちの社会の隅々にまで浸透しているほんの一例です。

そうです、説得力が求められるのは、通常イメージされるような会議での発言、商談、プレゼンテーション、企画書等に限りません。そんな狭いビジネス・シーンだけに限らず、ごくごく身近なプライベートでも、説得力が物を言うのが私たちの世界なのです。

憧れの男性（または女性）を初デートに誘う。家族内で意見が割れた夏休みの旅行先に関して自分の主張を通す。通販サイトで間違えて購入した商品を返品して返金させる。これらのどのケースでも、成功するか失敗するかは、あなたの説得力しだいです。

失恋や仕事のミスなども含め、過去に体験したあなたのさまざまな失敗を思い浮かべてみてください。ほとんどの失敗の原因は、あなたの説得力不足だったのではないでしょうか。本書では、そんな説得力とは、このように日々必要とされる生活力とも言えるでしょう。本書では、そんな説得力を追求する上で、人間の「二つの思考法」に基づいて考えます。

一つ目の思考法は、説得力という言葉から誰もがイメージする「論理的思考」です。説得力を追求する上で論理的説明を重視するなど、月並みで斬新さに欠けますが、やはり無視することはできません。しかし、説得力を強化する手法として、この論理的説明だけに偏らないのが本書の特徴です。

本書が着目する二つ目の人間の思考法は「直観」です。説得力をテーマとする従来の書籍があまり取り上げてこなかった視点です。従来、「論理的説明」以外の視点では、せいぜい「感情・心理」という側面から論じることがほとんどだったからです。

説得力とは、説明力や交渉力など、さまざまな部分技術の総合力とも言えるでしょう。それら部分技術の一部は、私の過去の著作でもテーマとして取り扱いました。

しかし、私は本書を執筆するにあたり、説得力を強化するためのすべての手法を本書一冊の中に凝縮することとしました。したがって、説得力を習得する上で、私の既刊書を読んだりする必要はまったくありません。コンパクトな本書一冊をお読みいただくだけで、説得力を強化するためのすべての手法が完全にマスターできるようにしました。

ぜひ本書が勧める戦略をすぐにでも実践し、人生の進みたい方向にどんどん快適に邁進してください。

二〇一五年五月

藤沢晃治

はじめに　3

第1章　説得力とは何か……15

「説得する」とは何をすることか　16
主張を支えるのは根拠　20
主張はピラミッド構造　21
説得の仕事はガイド　23
論理がすべてではない　24
ウェイソンのカード問題　26
もう一つのカード問題　28
論理的思考は手間がかかる　30
もう一つの思考法「直観」　33
類推とはアナロジー思考　34
「アナロジー思考」とは何か　36
アナロジー思考が喜ぶ比喩　37
アナロジー思考の長所はスピード　38
「論理的」とは何か　41

第2章 説得力の構成要素……45
二種類の説得作業 46
説得力の二大成分 48
人はどのようなときに説得されるのか 50
強化すべき説得力の五大要素 54
第3章 あなた自身の信頼度を高めよ！……61
作戦① 「鵜呑み」習慣を卒業せよ！……63
説得力は日々の努力から 63
ふだんから打率を上げる努力をせよ 65

作戦②
「たとえ話」のセンスを磨け！……67
「たとえ話」の上達法　68
鳥の目を持て　69
天の邪鬼になれ　71
思考力を活性化せよ　72
一日一題、謎かけせよ　74

作戦③
論理の落とし穴に注意せよ！……76
カルシウム不足が骨粗鬆症の原因？　77
日常生活にも役立つ論理学　78
主張の三つの派生形　79
対偶だけが正しい　82
対偶の便利な利用法　84
「裏」を正しいと勘違いするな　86
「逆」を正しいと勘違いするな　89

第4章 分かりやすく説明せよ！……93
「分かりやすい」には二種類ある 94

作戦④ 細切れに伝えよ！……95
脳の入口は狭い 95
狭い入口が最初の難所 96
細切れに伝えよ！ 98

作戦⑤ 設計図を最初に渡せ！……102
「何が言いたいの？」を言わせない必殺技 106
どんなサイズの固まりにも 109
「看板」効果も忘れるな！ 110
看板とは新聞の見出しと同じ 113
冒頭で主張を述べる三つの効果 115

作戦⑥ 相手の視点から説明せよ！……117
相手を見て通訳せよ 118
説明に必要な二つの知識 119
相手の前提知識を把握せよ 120
適切な説明とは 121
説明とは「抜粋」である 124
脳内残像が邪魔をする 126
「洩れ」や「抜け」の対策 129
「狭い世界の常識」に要注意！ 130

作戦⑦ たとえ話で説明せよ！……133
東電職員を悩ませた官邸からの質問 133
「たとえ話」を思いつくコツ 134
世界は相似形であふれている 136
相似形に気づくには 137
「本質」とは何か？ 139

「本質」とは「上位分類の性質」 140
ターゲットとベース 141
実際に「たとえ話」を作ってみよう 143
私の事例：脳内の仕組みを身近なものにたとえる 145

作戦⑧ 例示、例証せよ！ …… 149

「例示」の例示 150
「例証」の例示 152

第5章 論理的に説明せよ！ …… 155

「ドミノ倒し」を完成させること 156
説得力に欠けるドミノ倒し 157
ドミノ倒しとは根拠の連鎖 159
「根拠」とは何か 161
根拠は公理を前提としている 162
公理とは根拠と主張を結ぶ原理 163

公理、根拠、主張の結びつき 164

作戦⑨ 主張の真偽を事前確認せよ！……166

説得力は正しい主張にしか宿らない 166
上司からの指示も疑え 168

作戦⑩ サンドイッチ構造で説明せよ！……171

「小さなピラミッド」の単位で 172
サンドイッチ構造にするもうひとつの理由 175

作戦⑪ 常識のギャップに注意せよ！……178

根拠の不備を自覚せよ！ 178
A型の根拠不備 180
常識のギャップに注意せよ！ 182
専門家は注意せよ！ 183
お人好しも注意せよ！ 184

作戦⑫ 根拠の裏づけを取れ！……186
B型の根拠不備 186
作戦⑬ 根拠能力を確認せよ！……189
C型の根拠不備 189
作戦⑭ 「つなぎ言葉」を効果的に使え！……192
予告効果 192
さまざまな論理展開 194
つなぎ言葉の分類 195
第6章 説得力を強めるチェックリスト……199

第1章

説得力とは何か

◆「説得する」とは何をすることか

国家財政の破綻的状況を何兆円という単位の数値で説明されてもあまりピンと来ません。しかし、「家計で言えば、月四〇万円の収入の家庭で毎月一二〇万円の出費をして生活しているようなもの」と説明されると、急に実感が湧きます。

身近な家計になぞらえられると急に説得力が増し、「国家はとんでもない借金生活をしてるんだ！」と納得させられます。このように、説得力には、伝えたい意図を短時間で相手に納得させる絶大な効果があります。説得力は、人に何かを伝えたいときには、ぜひ身につけておきたい技です。

ところで、人の説明や主張に「説得力があるな～」と私たちが感じるのは、どんなときなのでしょうか。それは「言っていることの一つ一つにウソがない」「間違いがない」「その通りだ」と感じるときではないでしょうか。どんなふうに説明、主張をしたら、このような印象を人に与えられるのでしょうか。この疑問への答えこそが、本書でこれから徹底的に追求するテーマです。

では、「説得力」が目的とする「説得する」という行為は、具体的に何を目指すことなのでしょうか。本書のテーマである「説得力」という名詞の前に、まず、「説得する」という動詞の意味から考えてみたいと思います。次のような二つの異なる意味があることに気づきます。

①**ある主張が正しいことを人に信じてもらうこと。**
（例：「治療法があるはずだと強く主張する両親に、治療法は現時点では、まだ確立されていないことを説得した」）

②**自発的にある行動を取るように人に働きかけること。**
（例：「熱が下がるまで休むように兄を説得した」）

①と②との違いは、相手に行動を促すか促さないかだけです。①では、とくに具体的な行動を促してはいないのに対し、②では、「休む」という行動を相手に促しています。

一方、①と②には共通点もあります。それは、「こちらの主張に同意してもらうこと」です。①と②の主張は次の通りです。

①での主張：「治療法がまだ確立されていない」
②での主張：「熱が下がるまで休むべきである」

①と②の二つの用法をまとめると、「説得する」という行為は次のような意味になるでしょう。

「説得する」とは、

こちらの主張に同意してもらい、場合によっては、相手にこちらが勧める行動を取らせること。

ただし本書では、この「説得する」という行為の前半にあたる、「主張に同意してもらう」部分に注力します。なぜなら、後半の「行動を促す」の部分は、前半部を達成すれば、自動的に達成されると考えるからです。言い換えれば、本書で追求するテーマは、次のⒶではなく、Ⓑとします。

Ⓐ 相手を「説得する（行動を促す）」ための手法
Ⓑ 自分の主張の「説得力」を強化する手法

もし、本書のテーマをⒶの全行程を対象とするならば、「相手の行動を促す」部分も論じる必要があります。そのためには、「相手との信頼関係を構築する」などの手段も必要になるでしょう。他にも、「その行動を取らないことによる相手の不利益を説明する」などのテクニックも必要かもしれません。広い意味での「脅し」です。つまり、「相手を希望通り動かす」には、「相手に何らかの圧力をかける」ことが必須になります。

これはこれで日々の交渉術では重要なテクニックです。交渉術とは、相手を錯覚させたり、脅したり、心理操作したりして、相手を希望の方向に動かすことだからです。本書のテーマである説得力とは微妙に異なります。

本書では、自分の利益のために相手を操作する「人たらし」的な心理誘導テクニックは扱わないこととしました。なぜなら、そのような心理誘導テクニックは、小手先のその場しのぎであることが多いからです。したがって、本書のテーマは、本書のタイトル通り、

あなたの主張の説得力を強化する方法

に特化することにしました。説得相手にあなたの主張に同意してもらえるための方法を、徹底的に追求していきます。

◆主張を支えるのは根拠

ところで、主張に同意してもらうということは、具体的には説得相手が納得できるような根拠を示す作業です。

最近、元気のない愛犬のため、室内で走りやすいように、自宅内のフローリング床をカーペットで覆いたい、とあなたが思っているとしましょう。それには家族の同意が必要です。しかし、「犬を室内で飼うならフローリング床はよくないらしい」という主張だけでは、家族に同意してもらえるかどうか分かりません。

そんなとき、「フローリング床の住宅内で飼われている犬の足腰の関節炎発症率は、フローリング床がない住宅の犬に比べて、四五パーセントも高いんだって」という根拠を示したとしましょう。そうすれば、きっと同意してもらえる確率が少しは高まるでしょう。

根拠は一つだけしか添えられないというルールはありません。同意してもらうために、さらなる根拠を援軍として投入したほうが効果的でしょう。「フローリング床では、すごい頻度で犬の意思に反して足が滑るんだって。そのたびに毎回、足関節や股関節に体重の五倍以上の負荷がかかっているらしいよ。それが足腰の関節炎の原因だって」のようにです。

さらに、「山田さん宅の元気がなかったポチも、獣医さんの勧めでフローリング床にペット用のカーペットを敷いたら、一ヵ月で元気になったって」という根拠も添えられるでしょう。つまり、一つの主張に三つの根拠という援軍を投入したのです。

このように、主張とは、一般的には一個の根拠で支えればいいわけではなく、複数個の根拠で支えれば、そのぶんだけ説得力が増すのは当然です。

ただし、ある一個の根拠が、あなたの主張を数学のように完全に証明してくれる場合に限り、根拠はその一個だけで十分でしょう。「先月は顧客からのクレームはゼロ件だったとA社は自慢しておられますが、A社はウソをついています。これが先月、ある顧客からA社に寄せられたクレームのメールです」と、顧客からのクレーム・メールを一通示せば、それで終わりです。「A社はウソをついている」というあなたの主張を通すために、さらなる根拠は必要としません。

しかし、多くの場合、このように自分の主張をスッキリと完全に証明することはできません。一般的な説得のシーンでは、「あなたの主張はたぶん正しいだろう」という相手の心証をできるだけ高めることで精一杯です。心証を高めるという目的なら、当然、根拠は多ければ多いほどよいわけです。

◆主張はピラミッド構造

このように、通常、複数の根拠が一つの主張を支えます。図Aがこの様子を示しています。

図A　主張のピラミッド構造

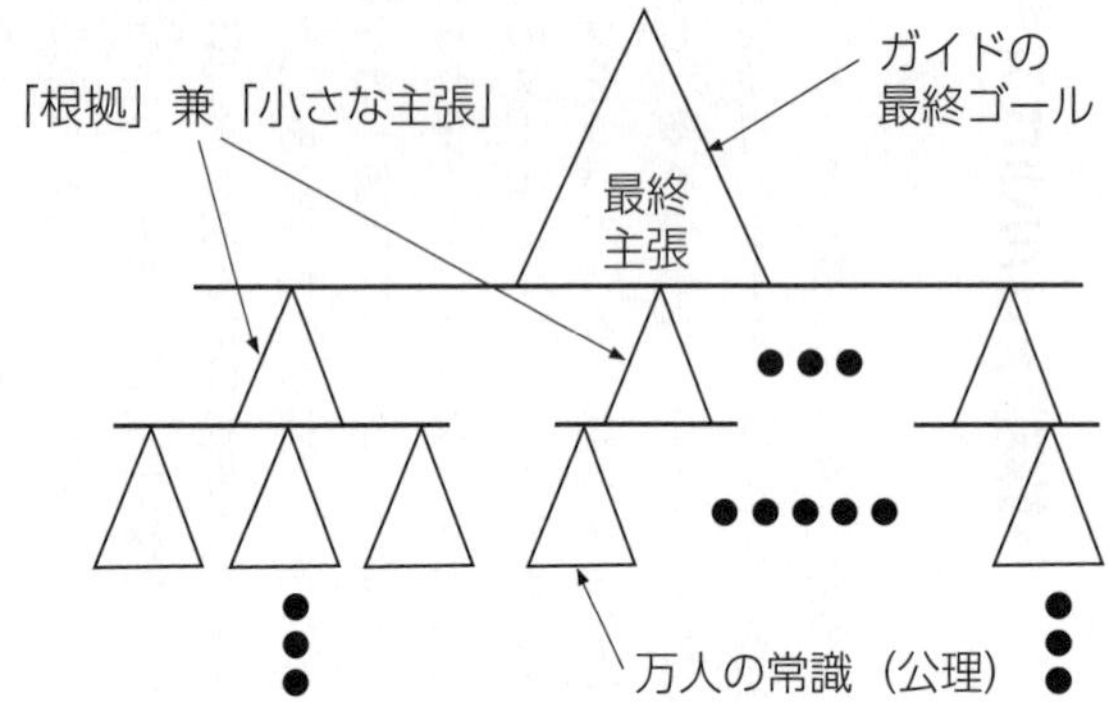

一番上の三角形の主張が、「最終主張」である「犬を室内で飼うならフローリング床はよくない」に対応していると考えてください。つまり、最終主張は、複数個の根拠に支えられています。また、その一つ一つの「根拠」は、同時にその真偽を相手に疑われる「主張」でもあります。

図A全体が表しているこの階層構造が、ロジカル・シンキングで言われているピラミッド構造です。頂上の三角形（最終主張）を除いた、それより下に位置している三角形を、本書では「小さな主張」と呼ぶことにします。

たとえば、根拠の一つであったはずの「フローリング床で飼われている犬の関節炎発症率が高い」に対し、「それって本当？」と相手に疑われたらどうでしょう。その瞬間、この根拠は、相手の同意を取りつける必要がある「主張」に変わります。ですから「最終主張」を支える「根拠」はすべて、同時に「主張」でもあります。図Aでは「根拠」兼「小さな主張」としました。つまり、その「小さな主張」は、相手の同意を得るためにさらなる根拠を必要とします。

しかし、添えられている根拠のすべてを説得相手が疑いだしたらキリがありません。図Aで言えば、ピラミッド構造が無限に下方に広がってしまいます。しかし、現実には、ピラミッド構造の下方に行けば行くほど、最後は「万人が認める常識」となります。いわゆる本書で言う「公理(42ページ参照)」です。

たとえば「殺人は違法だから」とか「地球は丸いから」のような誰もが認める公理にたどり着き、ピラミッド構造はそこで下げ止まりになります。公理は、「なぜ?」や「本当?」と問われることがなく、根拠が不要だからです。ですから、ピラミッド構造は、下方向に無限に広がるわけではなく、有限個数の「小さな主張」で構成されるのです。

◆説得の仕事はガイド

説得する人の仕事とは、山道に不案内な登山者に同行し、図Aが示すピラミッド構造の頂上まで導いてあげるガイドのようなものでしょう。あなたの最終的な主張は、山頂の三角形です。そして、「あなたの主張に同意してもらう」というのが、この説得という登山のゴールです。

途中に「小さな主張」という、いくつもの中間地点があるでしょう。あくまでガイドですから、相手に強制することはできません。山頂までの道筋を相手が自発的に進むのをお手伝いするだけです。

しかし、相手は一歩ごとに納得しなければ自発的に登ってはくれません。相手が山頂の最終主張に登るまでの間、途中、無数の「小さな主張」に合意してもらい、それらを通過してもらわなければならないのです。具体的には、それぞれの「小さな主張」が正しいことを相手に説明し、相手に同意してもらう必要があるわけです。

頂上の最終主張までの全行程を「小さな主張」に分解し、個々の小さな主張ごとに「同意獲得」を積み重ねます。そして、最終的に山頂まで相手を誘導するのが、登山のガイド、すなわち説得者の作業なのです。

◆論理がすべてではない

繰り返しになりますが、通常の説得では、自分の主張が正しいことを数学のように完璧に証明できる幸運なケースは稀です。むしろ、自分の主張に対する相手の心証を高めるだけの地道な作業になることが普通です。

とはいっても、相手を説得できる可能性の高い「論理的な説明」をする場合、「数学の証明」

が良きモデルであることも事実です。そう言われると、数学嫌いな人は少し気が重くなるかもしれません。数学で言う「証明」には、厳格な論理性が必要です。ガイド役の説得者は、自分の主張を論理的に証明していかなければならないような印象を与えるからです。たとえば、「素数は無限にある」という主張を証明するには、数学的な論理力が必要です。

しかし、論理的思考が苦手な人も安心してください。日常生活で相手を説得するための手段は、じつは論理的説明がすべてではありません。もちろん、日常生活での説得でも、論理的説明が最強の武器であることは否定しません。しかし、論理力以外のさまざまな手段で説得は可能なのです。

たとえば、「現在、火星には高等生物がいない」と信じている人は、けっして論理的思考だけでそう考えているわけではないはずです。医師でもない一般人が、「納豆は健康にいい」ということを信じている場合も同じです。医学的に論理的で厳密な検証によって「納豆は健康にいい」ことを信じているわけではないでしょう。部分的には論理的思考をしていても、それ以外の「何か」も加えて、最終判断しているはずです。

論理的証明では埋められないギャップを、人は無意識に「直観」や「憶測」などで埋めているのです。つまり、人間を相手にする「説得」に関しては、数学で必要とされる「完璧な論理的筋道」が必ずしも必要とは限りません。ところどころ代替品でピラミッド登山の道筋をつないでい

図B　ウェイソンのカード問題
〈人間の脳は論理的思考をしていない〉

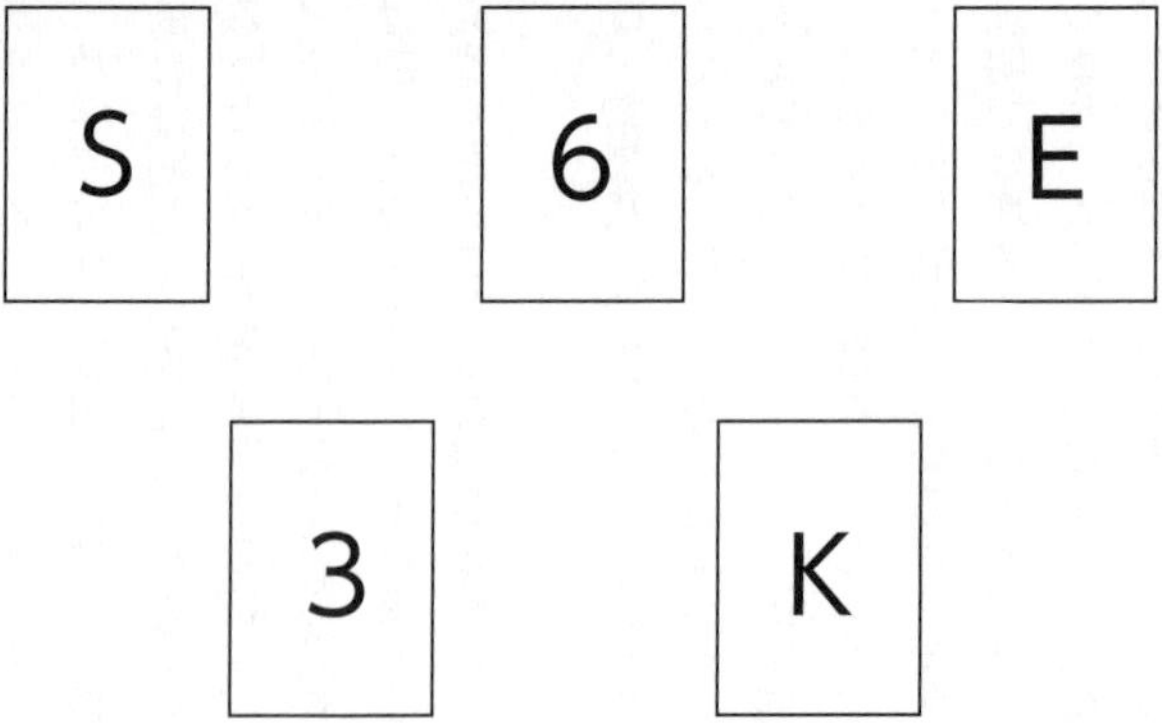

けばよいのです。

◆ウェイソンのカード問題

日常生活での判断活動は論理的思考がすべてではない、と述べてきました。それでは、論理的思考以外に、人間の脳はどのように判断しているのでしょうか。

英国の認知心理学者ピーター・ウェイソンが提示した、有名な「カード問題」をご存じでしょうか。現代ではロジカル・シンキングが流行りです。しかし、ウェイソンはロジカル・シンキングが人間の思考法のすべてではないことを、そのカード問題によって明らかにしたのです。

図Bを見てください。五枚のカードが並べられています。すべてのカードで、片面には一桁の「0」から「9」の数字、もう片面には必ずアルファベットが印字されています。ただし、これらのカードは、ある一つのルールに基づいて作られています。このルールに違反しているカードは不良品ということになります。その唯一のルールとは、

母音のアルファベットの裏側は偶数でなければならない

という規則です。母音のアルファベットとは、「A」か「I」か「U」か「E」か「O」の五つです。

重要なのは、ルールはこれ一つだという点です。ですから、「子音のアルファベットの裏側は奇数でなければならない」などという規則はありません。誤解しないよう注意してください。つまり、子音のアルファベットの裏側は、奇数でも偶数でもかまわないということになります。同様に「偶数の裏側は母音でなければならない」などという規則もありません。ルールはあくまで、「**母音のアルファベットの裏側は偶数でなければならない**」だけです。

さてここで、あなたはこれら五枚のカードの中から不良品を発見する品質管理係だと思ってください。効率よく仕事を進めたいので、なるべく少ない枚数のカードを裏返すことで不良品を発見したいところです。このとき、あなたはどのカードを裏返しますか？　どうでしたか、五秒以

図C　カード問題をアレンジした注文カード問題〈人間の脳は論理的思考をしていない〉

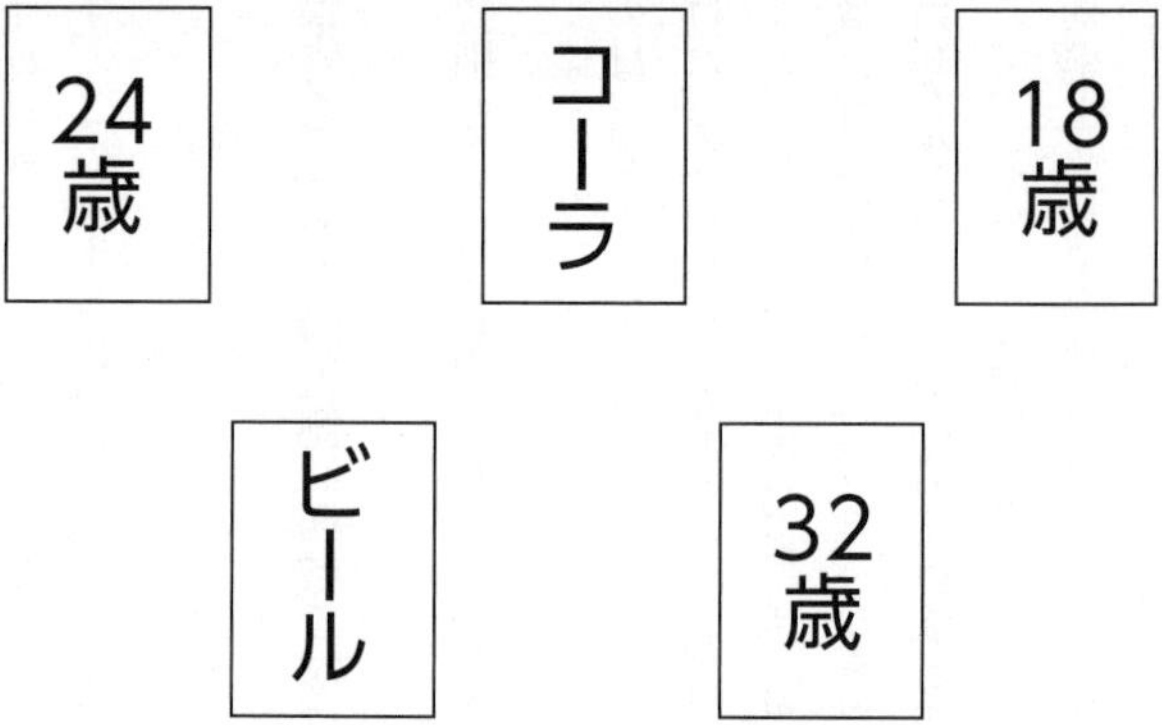

内に分かったでしょうか。

◆もう一つのカード問題

正解を紹介する前に、図Cの別の問題を見てください。図Bのカード問題を身近な事例に置き換えたものです。同じくカードが五枚並べられています。架空で不自然な話ですが、レストランで、お客さんが飲み物を注文するカードだと仮定してください。片面には自分の年齢を書き、もう片面には注文したい飲み物の名前を書きます。しかし当然、

未成年者は飲酒禁止

というルールがあります。言い換えれば、

未成年者カードの裏側はソフトドリンクでなければならない

というルールです。

さて、さきほど同様、あなたはこのルールに違反している注文カードを発見するのが仕事だとします。最少の枚数のカードを裏返して違反カードを完璧に発見するには、どのカードを裏返しますか？　五秒以内に決めてください。できましたか？

さきほどの「アルファベットと数字」のカード（図Ｂ）で不良品カードを発見するための正解は、「Ｅ」と「３」のカードです。図Ｃのレストランの注文カードで「飲酒する未成年の不良」を発見するための正解は、「18歳」と「ビール」のカードです。レストランの注文カードの問題のほうがずっと簡単に感じたのではないでしょうか。なぜ難易度に違いが生じるのでしょうか。

じつは、この二つの問題は、論理的にはまったく同じ構造です。したがって、人間の脳が論理的思考だけで物事を判断しているのであれば、この二つの問題の難易度はまったく同じに感じられるはずです。しかし、あなたにとっては、レストランの注文カードの問題のほうがやさしく感じられたのではないでしょうか。もし、そうだとすれば、それはあなたの脳がロジカル・シンキング以外の、何かもっと効率の良い方法で物事を判断していたからということになります。

◆論理的思考は手間がかかる

あなたは、最初の「アルファベットと数字」カードの問題では、論理的に考えざるをえなかったはずです。

この問題でのルールは「母音のアルファベットの裏側は偶数でなければならない」でした。このルールを論理学風に単純に表現すれば、「A（母音）ならば、必ずB（偶数）である」という規則です。「**Aならば、必ずBである**」という元々の主張があった場合、論理学では、次の三つの派生形を考えます。

①「Bならば → 必ずAである」は「逆」と言います。
②「Aでないならば → 必ずBではない」は「裏」と言います。
③「Bでないならば → 必ずAではない」は「対偶」と言います。

「ではない」の否定語を単純な一文字の「非」に置き換えて表現をスッキリさせてみましょう。

①「Bならば → 必ずAである」は「逆」と言います。

②「非Ａならば→必ず非Ｂである」は「裏」と言います。
③「非Ｂならば→必ず非Ａである」は「対偶」と言います。

元々の「Ａならば、必ずＢである」が正しいと仮定した場合、これら①から③の中で、どれが成立するでしょう。正解は③の対偶だけなのです。「犬は哺乳類である」、つまり「（それが）犬ならば、（必ず）哺乳類である」は正しい主張です。だとすると、

①「逆」である「哺乳類ならば→必ず犬である」は成り立ちません。
（例：猫は哺乳類ですが、犬ではありません）
②「裏」の「非犬ならば→必ず非哺乳類である」も成り立ちません。
（例：同じく、猫は非犬ですが、哺乳類です）
③「対偶」の「非哺乳類ならば→必ず非犬である」だけが成り立ちます。
（例：トカゲは哺乳類ではなく、犬でもありません）

つまり、ある主張が成立するなら、その主張の「対偶」も必ず成り立つのです。話を「アルファベットと数字」カードに戻しましょう。不良品でないカードでは、「母音なら、裏は偶数」が成り立つのでした。では、「母音なら、裏は偶数」の対偶も成り立つはずです。対偶は何でしょうか。それは「偶数でないなら、裏は母音ではない」です。言い換えれば、「奇数なら、裏は子音」となります。つまり、正しいカードは、次の二つの規則の両方に従っていなければならないことになります。

- 「母音なら、裏は偶数でなければならない」（元々の規則）
- 「奇数なら、裏は子音でなければならない」（導かれた対偶の規則）

したがって、不良品カードを発見するためには、この二つのルールのどちらかに違反しているカードを探せばよいことになります。そのためには、この二つのルールの前半部「母音なら」と「奇数なら」のカードを裏返してチェックすればよいことになります。その結果、「E」と「3」のカードの二枚だけをチェックすればよいことになるわけです。

つまり、論理学の「対偶も正しい」という知識を知っている人でさえも、「アルファベットと数字」カードの問題を解くには、これだけのややこしい思考過程を経て、やっと正解に至るのです。ましてや、「対偶は正しい」などという知識とは無縁だった人には、この問題を解くのは大変だったはずです。五秒程度の時間では、とても正解にたどり着けなかったはずです。

◆もう一つの思考法「直観」

ところが、レストランの注文カードの問題は、ずっと簡単だったはずです。五秒程度で違反カードは「18歳」と「ビール」のカードの二枚、という正解にたどり着けたのではないでしょうか。

論理的にはまったく同じ構造の問題であるにもかかわらず、注文カードの問題はほぼ瞬時に解けてしまう。つまり、人間の判断方法は論理的思考がすべてではないことを示しているのです。人間の脳には、論理的思考以外にも、何か優秀な判断メカニズムが備わっているようです。レストランの注文カードの問題では、「考える」ということさえしなかったのではないでしょうか。「考える」と言うよりは、「自然に思いつく」という感覚です。いわゆる、「直観」という表現が一番近いのではないでしょうか。

では、いったいこの直観とは何なのでしょうか。後述しますが、直観とは、おそらく「パターン・マッチング式思考法」のようなものと言えるでしょう。ところで、なぜ、アルファベットと数字のカードでは直観が働かず、注文カードでは直観が働いたのでしょうか。

「アルファベットと数字」カードの問題は、私たちの生活体験にはあまり馴染みがありません。一方、注文カードのほうは我々の日々の生活と無縁ではありません。私たちはふだんの生活を通じて、脳の中に「未成年者は飲酒してはならない」や、「アルコール飲料の注文者は成人でなければならない」などの体験が、びっしりと蓄積されているはずです。そこで、注文カードを見た瞬間に、あなたの脳はこうした経験と照らし合わせようとしたはずです。

つまり、判断しなければならない新しい課題に直面すると、私たちの脳内で、まず最初にスイッチが入るのは論理的思考ではないのです。その前に、もっと短時間で処理が行える「過去のデータとのパターン・マッチング」を行うのです。パターン・マッチングによって、「目の前の課題」と「最も似ている過去のデータ」を検出します。次に目の前の課題と、その過去のデータとを重ね合わせ、知りたい部分を「類推」によって瞬時に判断するのです。これが直観の正体です。

◆類推とはアナロジー思考

「類推」とは、大枠で似ているものどうしの間では、細部のさまざまな性質もたぶん似ているだろう、という大原則に根差した判断です。

あくまで「たぶん……だろう」という「推測」にすぎません。ですので、類推は厳格な論理的思考から導かれる判断のように常に絶対正しいわけではありません。それでも、類推で間違ってしまう確率は、許容できるレベルより十分小さかったはずです。そのため、「類推」という思考法は実用に堪え、ヒトの進化の過程で棄却されなかったのでしょう。

認知心理学では、このように目の前の課題について、似ている別の事象と照らし合わせながら類推で判断する思考を「アナロジー思考」と呼びます。論理的思考は処理時間がかかりますが、大きなメリットは判断結果が正確だという点です。逆に、アナロジー思考では判断結果に一〇〇パーセントの確実性はありませんが、大きなメリットは、瞬時に処理できる点です。一〇〇パーセントの確実性はないといっても、高速処理というメリットを帳消しにしてしまうほどの欠点ではありません。

生物進化の過程では、生命の危険回避のため、瞬時に判断しなければならないことの連続だったはずです。山火事が起こる、大地震が起こる、敵が襲ってくる等々。そうした状況に対処するためには、高速処理のアナロジー思考が必須だったのでしょう。

動物の脳は、人間ほど論理的思考が発達していません。その代わり、人間同様、動物にも生命の危険を回避するためのアナロジー思考が備わっているはずです。

狼が昔、熊に襲われたとします。そのときの状況はトラウマとして狼の脳に記録されているでしょう。その狼が、かつて熊に襲われた状況と似た状況に再び置かれれば、本能的に「危険」を察知するはずです。大枠で昔と似ている状況であることから、「また熊に襲われるかもしれない」と危険を予感するわけです。一種のアナロジー思考です。

動物にもあるアナロジー思考は原始的能力であり、それに対し、論理的思考は、より人間らしい高度な能力と言えるでしょう。とはいえ、心臓の鼓動は原始的であっても生命維持に核心的に重要です。同様に、原始的なアナロジー思考も、人間の判断活動にとって核心的に重要なのです。

◆「アナロジー思考」とは何か

日常生活ではあまり馴染みのない「アナロジー思考」について、もう少しだけ紹介しておきましょう。説得力を追求する上でとても重要だからです。

アナロジーとは、英語の「analogy」からきています。英単語としてのアナロジーは、単に「類似」や「類推」という意味です。しかし、認知心理学の分野で言うアナロジーとは、「類似をもとにした思考法」という特別な意味になります。もっとやさしく表現すれば、「似ているものになぞらえて理解する思考方式」とでも言えるでしょう。

本章の冒頭で、国家財政を身近な家計になぞらえる例を紹介しました。身近な家計になぞらえられると急に説得力が増すのでした。これが脳のアナロジー思考による迅速な理解なのです。このように、新しいことを説得相手にとって身近なもの、馴染みのあるものになぞらえてあげると、相手を瞬時に納得させられるのです。まさしく、レストランの注文カードの原理です。本書にとっては、見逃せない現象です。「人を納得させる」ことが「説得」であり、本書が追求するテーマだからです。

以上、まとめますと、人を説得する場合、相手の論理的思考だけを狙った論理的説明だけに目を奪われることは誤りなのです。脳が使っている「直観」、すなわちアナロジー思考をも考慮して、説得力増強法を探る必要があるのです。

◆アナロジー思考が喜ぶ比喩

国家財政を家計になぞらえることは比喩です。母親が幼児に言う「痛いの痛いの飛んでけ〜！」も比喩です。「誤解が一人歩きをしている」も比喩表現です。

「五連勝で破竹の快進撃」などという表現も比喩です。五連勝したチームが物理的に「どこかに進んで攻撃する」わけではありません。成績が抜き出る様子を「物理的に進む」様子にたとえているだけです。「破竹」の部分も「竹が縦に割れるように勢いよく」という比喩表現です。

「あの人は冷たい」というなにげない普通の表現も、じつは比喩です。もちろん、「あの人」の体温が低いことを表現しているのではありません。その人の性格の印象が、低温の物質に触れたときの印象に似ているという比喩表現なのです。

このように、私たちの日常生活は比喩表現にびっしりと囲まれています。私たち人間の脳が、論理的思考よりアナロジー思考優位だからです。比喩表現がそのアナロジー思考にピッタリと適合していて「分かりやすい」からです。

「分かりやすい」とは、脳が「分かった！」というゴールにたどり着くまでの「所要時間が短い」という意味です。アナロジー思考の特長である高速処理が、この「(分かるまでの) 所要時間」を短縮してくれるのです。相手を素早く説得したい私たちには、相手のアナロジー思考が喜ぶ比喩が重要なのです。したがって、この点からも、説得で相手の合意を勝ち取るためには、世間で強調されている「論理的説明」だけでは不十分なのです。

◆アナロジー思考の長所はスピード

分かりやすくするため、大胆に単純化すれば、説得相手の脳には大きく分けて二つの思考法があるということです。図Dが示すように、あなたの主張が耳に入ってくるたびに、説得相手の脳はその課題をどちらの思考方式で処理するか選択しているはずです。

第一候補として選択されるのはアナロジー思考です。処理速度が速いという大きなメリットがあるからです。

図D　どっちで処理する？

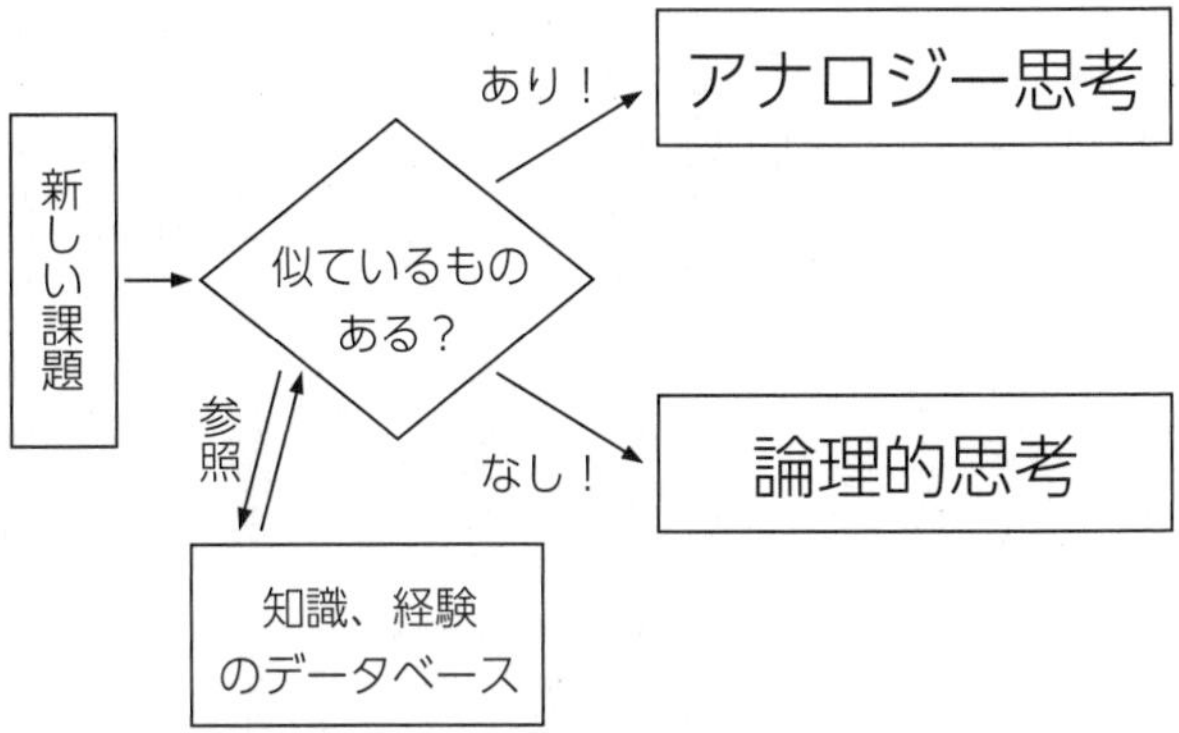

アナロジー思考が使えるかどうかの判定基準は、目の前の課題と似たような課題が、説得相手の「過去の経験、知識」というデータベース内にあるかどうかです。ですから、相手の脳は新しい課題に取り組むたびに、そのデータベース内に似た課題があるかどうかを急いで検索します。見つかれば、アナロジー思考を使うことに決定です。

アナロジー思考を使うと決まれば、目の前の課題をその似ている課題に照らし合わせながら、目の前の課題の不明点（知りたい点）を類推します。先ほどのレストランの注文カードの問題では、似ている状況があなたのデータベース内に豊富に蓄積されていたはずです。そのため、脳は瞬時にアナロジー思考を選択し、過去の経験からの類推によって、解答も瞬時にひねり出せたのです。**「大枠で似ているものどうしの間では、細部**

でのさまざまな性質もたぶん似ているだろう」という大原則に基づいた推測です。類推とは、このような推測をもとにしているので不確かな側面はあります。しかしながら、それでも脳の判断活動にとっては有効なのです。

たとえば、友人に誘われてあなたが小型船舶に乗っていたとしましょう。船を操縦していたその友人が心臓麻痺で突然倒れたとします。そんな緊急事態で、あなたが突然、その船を操縦しなければならない状況になったとします。

あなたは小型船舶の免許を保有していないどころか、操縦経験さえまったくありません。しかし、車の運転経験のあるあなたは、船の舵の操作をある程度、類推によってこなせるでしょう。舵を右に切れば、進路方向は左右のどちらに変わるだろうか、などと考えるはずがありません。そんな論理的思考で対処している時間的余裕がないからです。また、論理的思考で判断するだけの資料もありません。

このような状況では、「似ている課題」「似ているモデル」としての「車の運転経験」に照らし合わせて、アナロジー思考で類推することで十分なのです。

一方、私たちが論理的思考を選択せざるをえない場合も当然あります。目の前の課題と似ているような課題が、まるで思い当たらない場合です。「過去の経験、知識」というデータベースの中に「似ている課題」を見つけられない場合です。

このようなとき、人は伝家の宝刀である「論理的思考」のスイッチを入れざるをえなくなります。高速処理は苦手でも、一歩一歩、理詰めで確実に正解に迫る思考法です。見たことも経験したこともない新しい課題も、この論理的思考で解決しようと脳は努力するのです。「アルファベットと数字」のカード問題を与えられても、私たちは自分の「過去の経験と知識」というデータベースの中で「似ている課題」が思い当たりません。そこで、やむなく、論理的思考を開始するのです。

このように、私たちが人を説得する場合、同意してもらいたいこちらの主張が説得相手にとって必ずしも馴染み深いとは限りません。つまり、同意してもらいたい主張に「似ている課題」が、説得相手のデータベース内に存在していないケースも十分ありえます。こちらの主張に相手が「ピンと来ていない」場合です。その場合は、当然、相手の脳では論理的思考のスイッチが入ります。したがって、説得者も、説得の一番の正攻法である論理的説明が必要になるわけです。

◆「論理的」とは何か

ところで、「論理的説明」という言葉の「論理的」とは、いったいどういう意味でしょうか。こんな基本的なことを尋ねられても困るかもしれません。スラスラと答えが出てこない人がほとんどでしょう。私も例外ではありません。なんとなく「論理的」という語感の雰囲気は分かっていても、明確には理解していなかったような気がします。分かっているようなつもりになっていただけだったのでしょう。

この問いかけに対し、多くの論理学の専門家が、さまざまな表現で回答しています。いろいろと考えた結果、本書では次のように定義したいと思います。

論理的とは、自分の主張を既存の公理に立脚させること

こう言われても、まだ意味不明だと思います。「公理」という言葉は、昔々、数学の授業で聞いたような記憶があるだけかと思います。「万人が正しいと認める原理」という意味でした。証明問題などで出発点とする大前提でした。

数学を離れた日常生活にも、この「万人が正しいと認める原理」は、たくさん存在しているはずです。そこで本書では、「公理」という言葉を数学の世界に限定せず、日常生活の言葉として使いたいと思います。

ちなみに数学では、公理からさらに証明で導かれた万人が認める新しい原則のことは「公理」とは呼びません。しかし、本書では、「公理」をもっと広義な言葉として使いたいと思います。公理から導かれた新しい別の原則も、それが広く万人が正しいと認めているものなら、やはり

図E　人は公理に照らし合わせて主張している

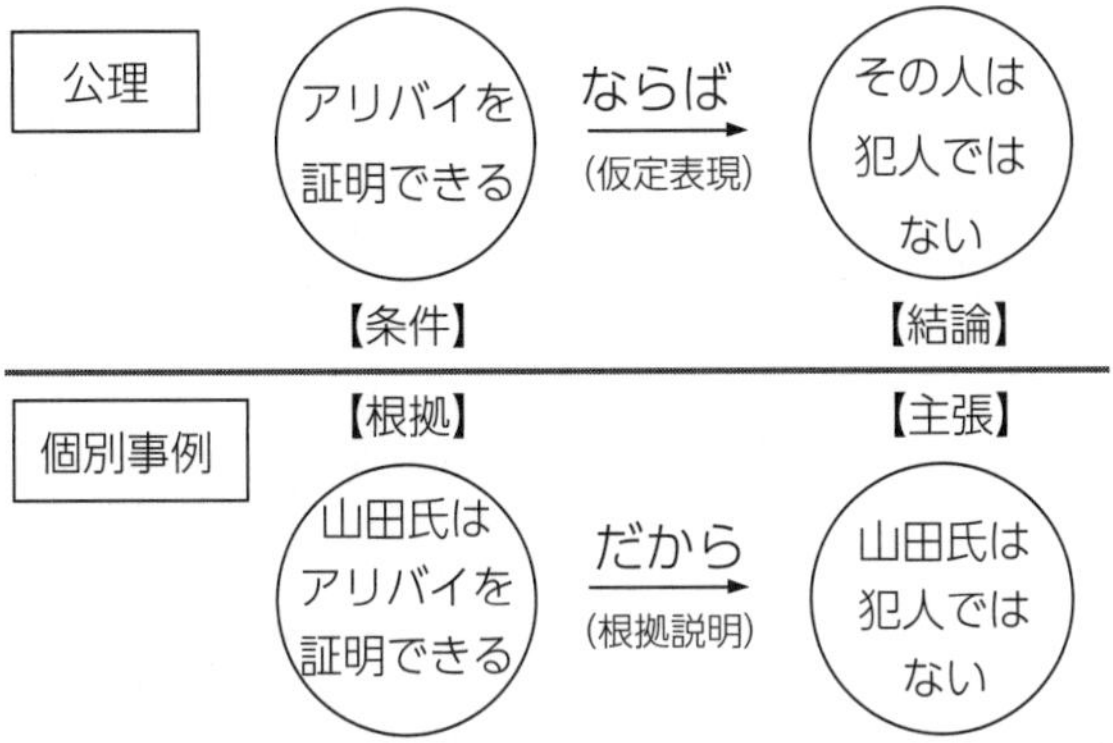

「公理」と呼ぶことにします。また、「二〇〇三年のフランスの首都はパリだった」のような否定しようのない事実も「公理」に含めたいと思います。

図Eを見てください。この図の上半分に描かれているのが一つの公理です。「アリバイを証明できる人は犯人ではない」という一般原則は、すでに社会で「正しい」と認められています。この原則には誰も異議を唱えません。すでに社会で公認されているようなこうした原則を、本書では「公理」と呼ぶことにします。つまり、さらなる根拠を求められず無条件に同意してもらえる原理は、すべて「公理」と呼ぶことにします。

「論理的」とは、自分の主張をこのような公理に立脚させることなのです。公理に照らし合わせながら、公理を出発点として自分の主張を展開させていくことです。したがって、展開のさせ方さえ間違わなければ、公理に立脚させた自分の主張は自動的に正しいものになります。だからこそ、「論理的な説明」は、説得のための最強の手段であるわけです。こうした理由により、説得力というテーマになると、世間では論理性が重視されるのです。私自身、この風潮に異議はありません。

さて、本章では説得力を追求する上で、本書が「アナロジー思考」と「論理的思考」の二大ポイントで考察することを述べました。次の第2章では、これらの二大ポイントを中心に、説得力を構成している各要素を、もう少し具体的に分類してみたいと思います。

第2章

説得力の構成要素

第1章では、私たちの「直観」を生み出しているアナロジー思考というものを紹介しました。人を説得するには、説得相手が持つ論理的思考だけではなく、このアナロジー思考に働きかけることも重要であると説きました。この第2章では、こうした基本理念をベースに、説得力を構成する要素をもう一歩深めて分類してみたいと思います。

◆二種類の説得作業

第1章では、説得の全体像とは、ピラミッドの途上にある「小さな主張」への同意取りつけの積み重ねであると説明してきました。説得がうまくいかない場合、相手がピラミッド構造内のどこかの「小さな主張」に同意していないことが原因なのです。

図Fを見てください。ピラミッド構造全体の中の一部を抜粋した図です。一つの「小さな主張」と、それを支える二つの根拠Aと根拠Bだけが描かれている図です。説得相手に、この「小さな主張」に同意してもらうためには、「説得者のあなたには二種類の異なる作業がある」ことに気づいてください。それは、ステップ1の「理解獲得」とステップ2の「同意獲得」です。この二つの仕事を両方ともキチンと仕上げて初めて、「小さな主張」に同意してもらうことができるのです。

図Fでの「理解獲得」の作業内容とは、「小さな主張」「根拠A」「根拠B」の三点の意味を相

図F　理解獲得と同意獲得の違い

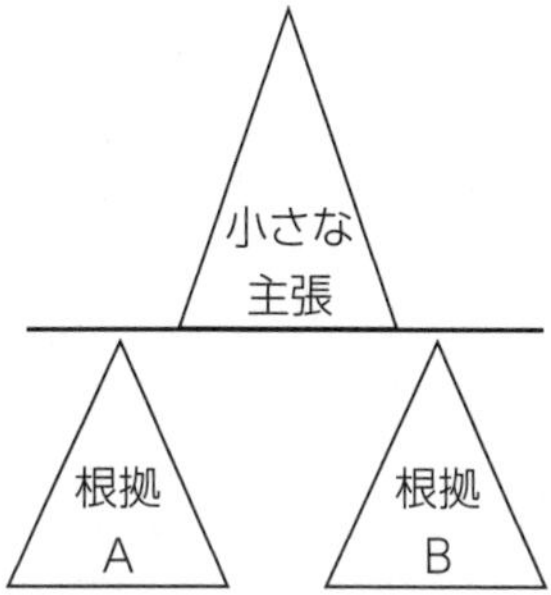

●「理解獲得」の作業とは、小さな主張、根拠Ａ、根拠Ｂの３点の意味を分かりやすく説明すること。

●「同意獲得」の作業とは、正しいピラミッド構造を提示すること。

手に分かりやすく説明することです。また、「同意獲得」の作業内容とは、正しいピラミッド構造を提示することです。「正しいピラミッド構造を提示する」とはすなわち、次の二点を満たしていることです。

①根拠Ａに根拠能力があること
②根拠Ｂに根拠能力があること

「根拠能力」という言葉は、１８９ページで詳しく紹介します。ここでは、根拠が、その上に位置する「小さな主張」を支える能力のことだと理解してください。

図Ｆで示されている「小さな主張」に対し、相手に納得してもらえない場合を考えてみましょう。このようなときには、異なる二種類の状況があることを意識してください。

一つ目の状況は、あなたが説明する小さな主張や根拠A、根拠Bの「意味」を相手が理解できないでいる状況です。ステップ1の「理解獲得」の失敗です。

そして二つ目の状況とは、相手が小さな主張や二つの根拠の「意味」は理解したものの、その小さな主張に「同意」してくれない場合です。ステップ2の「同意獲得」の失敗です。つまり、あなたが説明する「小さな主張」が正しいとは相手が思ってくれない状況です。

この二つの状況は明らかに違います。この二つの状況を混同していては、説得のための準備も混乱してしまいます。二つの異なる状況を明確に見分けることが重要です。

◆説得力の二大成分

説得の作業が「理解獲得」と「同意獲得」という二つの作業に大別されると述べました。これを図で表すと、図Gのように、説得力とは二つの主な成分から構成されていることになります。それは「説明の分かりやすさ」と「根拠の正しさ」です。

厳密には、説得力を構成しているものは、この二つ以外にもありますが、二大成分としては、「分かりやすい説明」と「正しい根拠」だと言えるでしょう。したがって、あなたの説得力を増強したければ、これら二点を補強する両面作戦が必要になります。これら二点のうちどちらか一

図G　**説得力の二大成分**

分かりやすい説明	正しい根拠	その他

「その他」とは

- 説得者の信頼性
- 主張自体の信憑性

など…

方が欠けただけで、「説得力に問題あり」ということになってしまいます。

相手が心中、密かにあなたの説明を「説得力がないな～」とダメ出ししている場合、その状況には次の二つの可能性があります。一つ目は「何を言っているのか意味が分からない」、つまり「分かりにくい」場合。そして二つ目は「どうしてそう言えるのか。根拠に納得がいかない」と思っている場合です。

この二つは、微妙ですが明らかに異なります。前者はステップ1の「理解獲得」が失敗しているのであり、後者はステップ2の「同意獲得」が失敗しているのです。

理解獲得の失敗に対する処方箋は「分かりやすい説明」であり、同意獲得の失敗に対する処方箋は「正しい根拠の提示」です。つまり、どちらの作業が失敗しているかにより、当然、処方箋も違ってきます。ですから、説得がうまく捗《はかど》らないときは、二種類の異なる失敗原因の間を明確に線引きしてください。さもないと的外れな対策に走ってしまうからです。

整理すると、人が個々の「小さな主張」に同意するには、次の二つのステップを経由するということです。言い換えるなら、あなたの説得の仕事を微視的に見れば、個々の小さな主張に対し、毎回、次の二つの仕事がある、ということです。

ステップ① 小さな主張と根拠の意味を相手に分からせる（理解獲得）
ステップ② その小さな主張が正しいことに同意してもらう（同意獲得）

今までこの二つの仕事を明確に分けて意識していましたか？ 混同していませんでしたか？

◆人はどのようなときに説得されるのか

ところで、日常の説得では、相手の納得度を一〇〇パーセントにまで高める必要はありません。一〇〇パーセントまででなくとも、納得度を十分高める証拠、根拠を与えてあげればよいのです。多くの場合、人はそれだけで「あなたの主張に同意します」という心証に到達します。いわゆる、一〇〇パーセントの証明ではなくとも、「説得完了！」となるのです。**説得とは証明ではなく、心証を高める作業**だからです。

では、人はどんなときに「主張が正しそうだ」との印象を持ってくれるのでしょうか。完璧に論理的な主張をしている人に、もし詐欺の前科があったらどうでしょうか。

やはり、論理力だけが説得力のすべてではないようです。人はどんなときに説得されるのでしょうか。以下にリストアップしてみましょう。

◇主張が分かりやすいとき

スラスラと分かりやすい説明をされれば、やはり相手の主張に聞き入ってしまいます。テレビで活躍する池上彰氏の時事問題などの解説には、大いに納得してしまいます。解説内容以前に、説明対象を身近なものにたとえるなど、彼の説明方法がとても「分かりやすい」からです。そういう意味で、「分かりやすい説明」は、人が説得される全行程の「入口」だと言えるでしょう。

◇主張が論理的であるとき

スラスラと分かりやすい説明をされても、矛盾に満ちた話を展開されたら人は説得されません。論理的に筋が通る話でなければ、人は同意してくれないのです。たとえ分かりやすい話だったとしても、それが「風が吹けば桶屋が儲かる」式なものであったなら、人はその主張を簡単に信じることはできません。

「論理的に筋が通る」とは、言い換えれば、主張に正しい根拠が添えられているという意味です。人は相手の主張が論理的かどうかを判断する際、無意識に主張の根拠が正しいかどうかを審査しているものです。

たとえば、選挙の立候補者の街頭演説を聞くことがあるでしょう。その演説での主張をあなたがバカバカしいと思うか、納得するかは、すべて立候補者がどのような根拠を提示しているかにかかっています。「即原発ゼロ」の主張も、「原発依存度を徐々に減らすべき」という主張も、「原発は主力電源として将来も絶対必要」という主張も、有権者が待っているのは、それらの主張の根拠説明のはずです。

◇その道の専門家の意見を聞くとき

論理的に筋が通り、分かりやすい説明をスラスラされても、主張者が主張内容の素人であれば、人は説得されにくくなります。

暴飲暴食を繰り返す宴会好きな夫は、暴飲暴食をやめるようにとの妻の忠告をずっと聞き流していました。しかし、その同じ夫が、成人病の専門医に妻とまったく同じ説明方法でその危険を説明されたとしましょう。すると夫は急に暴飲暴食生活の見直しを検討するかもしれません。

説得力を左右するのは、主張内容や主張方法だけではないのです。「誰が」主張しているのかも説得力の重要な要素です。人は権威に弱いのです。

◇主張者が自分の味方であるとき

あなたが結婚相手とまで考えている意中の人がいたとしましょう。その人に関する悪い噂が耳に入ります。意中の人が女性だったら「彼女は男にだらしないらしいよ」とか、男性だったら「大のギャンブル好きで大きな借金があるらしいよ」などです。

しかし、その悪い噂を知らせてくれる人が、職場で時々あなたに嫌がらせをしていた人だったらどうでしょう。そんなときは、またその人が自分の幸せを邪魔しようとしているんだろうと、あなたは考えるはずです。

逆に、今まであなたが困っているときにはいつも真剣に相談に乗ってくれた親友が、同じ悪い噂を知らせてくれたとしましょう。「だから、彼（女）とつき合うのはやめたほうがいいよ」と助言された場合、あなたが説得される可能性はどうでしょう。意地悪な同僚から同じ助言をされた場合に比べれば、あなたが説得される可能性は大きくなるはずです。

このように、説得力は説得内容や説得方法の中だけにあるわけではないのです。説得者の動機も説得力を左右する大きな要素になります。

◇主張自体が正しいと直観できるとき

人の説明に対し、「説得力がないな〜」と感じることもあれば、逆に「説得力があるな〜」と感じることもあります。この種の印象は、説明方法の上手下手に左右されるように思えます。たしかに、同じ主張をAさんが説明すると「説得力がない」と感じ、Bさんが説明すると「説得力がある」と感じるなら、説得力の違いの原因は説明方法にあると言えます。

ところが、説明方法とは無関係に、主張自体に「説得力がある」ものと「説得力がない」ものとがあります。

「月にはウサギが住んでいる」などという主張は、主張内容の説明を聞く前からウソ臭いので説得力がまったくありません。一方、「規制緩和すれば、民間経済が大幅に活性化される」という主張には、根拠説明を聞く前から、「ひょっとするとそうかもしれない」と思わせる「もっともらしさ」があります。だから「根拠を聞いてみよう」という気にさせてくれます。

「主張自体が正しそう」ということも説得力の一つの要素なのです。

◆強化すべき説得力の五大要素

前項で述べた「人が説得されるとき」の分類を整理すると、次のような説得力の構成要素に対応するでしょう。

●「主張が分かりやすいとき」とは、当然、**【説明方法】**に対応し、それができるかどうかは、**【説得者の（ふだんの）思考法】**が決め手でもあります。

●「主張が論理的であるとき」とは、**【主張のピラミッド構造】**に関わりますが、やはり同時に、**【説得者の（ふだんの）思考法】**が大きく影響を与えます。

●「専門家の意見を聞くとき」や「主張者が自分の味方であるとき」とは、**【説得者の信頼度】**に関わる話です。

●「主張自体が正しいと直観できるとき」とは、**【最終主張の真偽】**が物を言います。

つまり、太字で表示された説得力の構成要素こそ、私たちが具体的に強化すべきものなのです。さらに整理してまとめると、次の五点に集約されます。

①説得者の思考法
②説得者の信頼度
③説明方法
④最終主張の真偽
⑤主張のピラミッド構造

①の「説得者の思考法」とは、説得者のふだんの思考スタイルのことです。

本書で言う「思考スタイル」の一つ目は、他人の話を聞いているとき、常に根拠を求める姿勢があるかどうか、という点です。日頃、他人の話に根拠を求める人は、自分の主張にも適切な根拠を添える習慣がある人です。そのような人の主張は、相手の同意を得やすく、説得力があります。

思考スタイルの二つ目としては、人の話を聞いているとき、ふだんから既存のパターンに分類して理解しようとする習慣があるかどうかという点です。たとえば、「結局、過ぎたるは及ばざるがごとし、ということだな」のようにです。

ふだんからアナロジー思考をする習慣のある人は、自分が説明者の立場に立つときも、自分の主張に似ている適切な比喩（アナロジー）を準備します。その結果、聞き手の理解を促進し、説得力を生みやすいのです。

②の「説得者の信頼度」とは、ある主張をしている人が、人物としてどれだけ信用できるかの度合いです。

「一〇〇年以内に巨大惑星が地球に衝突する確率は七〇パーセント以上である」という記事がスポーツ紙に掲載されていても、誰もあまり真剣に読みません。しかし、見出しも本文もまったく同じ記事が一般紙の一面に掲載されていたら、ある程度、社会的影響を与えるでしょう。このような記事の場合、多くの人がスポーツ紙より一般紙のほうを信用するからです。一字一句まったく同じ記事であるにもかかわらず、説得力に「差」が生まれるわけです。

つまり、人はある主張を聞かされた場合、その主張だけを聞いて正しいかどうかを判断するわけではありません。「誰が」その主張をしているかをも、重要な参考情報にしているのです。

「信頼度」とは、いわば、その人物が正しい主張をする「打率」のようなものです。ふだんから納得できる正しい主張が多い、高打率な人の主張は説得力があります。逆に、ふだんからいい加減な発言が多い低打率な人の主張には説得力が宿りません。

高打率な「信頼できる人物」とは、「誠実な人」「人柄は悪いが、間違ったことは滅多に言わない人」「冷静な人」「その分野では専門家」などさまざまです。ですから、人を説得する場合、説得シーンが始まる以前に、ふだんから人にこのような印象を与えておく努力が大切です。そうした努力が、説得力を強くする上で欠かせない重要な要素なのです。

③の「説明方法」は、解説不要でしょう。説得力という言葉を聞くと、ほとんどの人は、この「説明方法」こそが、その説得力を左右するというイメージを持っているからです。

本書では、説得力を左右する要素は、この「説明方法」以外にもあると解説してきました。しかし、この説明方法が説得力を左右する一番大きな要素であることに間違いはありません。「主張のピラミッド構造」をどう構築するかも、「説明方法」の一部とも考えられます。

そこで混乱を防ぐため、本書では次のように線引きしたいと思います。ここでの「説明方法」とは、説得相手の「理解獲得」の手段とします。一方、後述の「主張のピラミッド構造」は、説得相手からの「同意獲得」の手段とします。

④の「最終主張の真偽」における「最終主張」とは、主張のピラミッド構造（22ページの図A）の頂上に位置している主張を意味します。説得により最終的に相手に同意してもらいたい主張のことです。「最終主張の真偽」とは、その最終主張が正しいか間違っているか、という意味です。

極論ですが、「3×5＝15」であることを人に説得するのは楽ですが、「3×5＝17」であることは、説得しづらいはずです。根拠説明をまだ何も開始していない時点で分かります。つまり、後者のように最終主張が真実ではない場合、それに対する同意取りつけは困難であり、途中の説明に説得力がないであろうことを予感させます。なぜなら、間違っている主張は、適切な根拠を準備しづらいため、初めから説得力を欠く運命なのです。「雪女は実在する」という主張に対し、説得力ある説明をすることが困難であることは容易に分かります。

要するに「説得力」とは、説明テクニックだけに存在するのではなく、主張自体の真偽も説得力を大いに左右するということです。

⑤の「主張のピラミッド構造」とは、ピラミッド構造の良し悪しを意味しています。自分の主張がピラミッド構造になってさえいれば、必ず人を説得できるわけではありません。そのピラミッド構造が正しくなければ説得力を生みません。ピラミッド構造の一部に弱い根拠が混入されていたら人は説得されませんし、そもそも必要な根拠が抜け落ちていても同じです。

たとえば、「日本では大人気なので、絶対、イタリアでも売れます」という発言を考えてみましょう。この発言の主張は「絶対、イタリアでも売れます」の部分です。根拠は「日本では大人気なので」の部分です。日本では大人気でも、イタリアでは受け入れられていない商品はたくさんあります。したがって、この根拠「日本では大人気なので」だけでは、主張の「絶対、イタリアでも売れます」を支える力がありません。つまり、説得力を欠くのです。

建築構造が脆弱なビルが地震で倒壊するように、脆弱なピラミッド構造もすぐに倒壊し、人を説得できないのです。

以上、説得力を五つの要素に分解して紹介しました。第3章以降、これらの各要素を参考に、あなたの説得力を増強する具体的な手段を解説していきます。

第3章

あなた自身の信頼度を高めよ！

第3章では、「説得力ある主張」の方法ではなく、「説得力ある人物」になるために必要な日頃の鍛錬方法を紹介します。

読者の中には、すぐにでもプレゼンテーションや会議の発言等で説得力を高める方法を知りたいという人もいるでしょう。つまり、一番早く知りたいことは第4章や第5章で解説する「説得力がある説明方法」だと思います。そのような読者は、この第3章を飛ばして、先にそちらから読むことをお勧めします。

本書の章立て（章の構成）は、説得力を強めるための対策を実行する時間順としてあります。そのため、実際の説得シーン以前の、ふだんから実行してほしい対策を先にこの第3章で取り上げることにしました。

57ページで「一〇〇年以内に巨大惑星が地球に衝突する確率は七〇パーセント以上である」という主張を紹介しました。一字一句まったく同じ記事でも、スポーツ紙ではなく一般紙に掲載されたほうが説得力が強いはずだと述べました。なぜなら、こうした内容に関しては、一般紙に対する人々の信頼度のほうが若干高いからです。

人は、「誰が」主張しているかによって、その主張を信頼する程度を変えます。つまり、あなたが人を説得する場合、その説得の表現方法とは無関係に、あなたの人物としての信頼度があなたの説得力を左右するわけです。そこでこの章では、あなたの信頼度を高めるために、ふだんから気をつけるべきポイントを紹介します。

作戦①「鵜呑み」習慣を卒業せよ！

◆説得力は日々の努力から

「説得力」という言葉を聞くと、「会議での発言」などのように自分から情報を「発信」する際の技術であるような印象を受けます。このこと自体は正しいのですが、じつは、自分が情報を「受信」する際の技術が説得力を左右する側面もあるのです。つまり、説得力を問われるのは、自分が説得者を務める説得シーンだけではないのです。

説得力を強化したいと願う人には、時として、この点が盲点になっていることがあります。日々の生活の中でも、自分の説得力を鍛錬することが重要なのです。以下、詳しく解説しましょう。

人間は、他人に物を説明しようとするとき、相手に分からせようと努力します。その際、私たちが無意識に想定していることがあります。それは、目の前の「聞き手」の思考法が、自分の思考法と同じであろうという点です。ですから、ふだんから人の話を鵜呑みにしがちな人は、自分が話しかけている聞き手も自分と同程度に鵜呑みするタイプだろうと無意識に想定しがちです。

「説得力のある人物」になるためには、まず、自分自身のこの習慣を改めなければなりません。

とくに「お人好し」と呼ばれるような性格の人は、人の話を信じやすいので注意が必要です。「信じやすい」とは、本書風に言い換えれば、他人の主張に同意するのに、あまり根拠を求めない人のことです。

「この一ヵ月間、毎日一食をこのダイエット・スリムに替えただけで、ウェストが八センチ細くなりました」というような体験広告を見ると、すぐにそのダイエット商品がほしくなるタイプの人がいます。こういう人が、ここでいう「お人好し」です。脇に小さな文字で表示されている「個人の感想であり、効果を保証するものではありません」というメッセージが全然目に入らない人です。

「お人好し」は、このように人の主張に根拠が添えられずとも、どんどんその主張を自分の脳内保管庫に取り込んでしまいます。そういう作業方式に慣れてしまっているのです。そんな人が説得者の立場になったらどうでしょう。

一方、世間には、必ず「根拠」と「主張」のセットでないと脳内保管庫に受け入れないタイプの人間がいます。慎重で用心深い人です。そういうタイプが説得相手である場合もあります。しかし、「お人好し」は、そうした用心深い人の思考方法を想定できませんから、根拠を十分に準備しません。その結果、自分の主張だけをどんどん相手に伝えることになります。しかし、相手の同意を得られず、説得はうまくいかないわけです。

「お人好し」の人が説得力を身につけるには、まず情報を鵜呑みにする自らの習慣を改める必要があります。

◆ふだんから打率を上げる努力をせよ

私は根拠をチェックしないと不安になるタイプです。そのため、私は人に説明する立場に立つと、どうしても心配性になってしまいます。聞き手が私の一つ一つの主張に対し、その根拠を要求しているように思えるからです。

そうした不安心理から逃れるために私がふだんやっていることは、「証拠固め」です。いわゆる、根拠説明の準備です。根拠で武装すると少しは安心感が得られるからです。裸のヤドカリが、やっと新しい貝殻を身にまとったときの安心感みたいなものでしょう。

したがって、ある知識を仕入れても、その根拠を確認するまでは、私はそれを人に受け売りできません。私の基準では、そうした根拠を伴わない情報は「未完成の知識」だからです。

たとえば、「軽い運動は認知症発症のリスクを下げます」という主張も、その根拠を知らない限り、「正しい知識」として扱うことはできません。そのため、この情報を人に伝えることにブレーキがかかります。「間違った知識」を人に伝える確率を下げ、「正しい知識」を人に伝える確率を上げたいからです。

57ページで、ある人が正しい主張をする確率を「打率」と呼びました。そういう意味では、私は、日々、自分の打率を上げる地道な努力をしているのです。

作戦①「鵜呑み」習慣を卒業せよ！

- 「なぜそうなるのか？」と問う習慣を身につけよ！
- 人の話は「主張」と「根拠」のセットで聞け！
- 根拠を確認できない情報は、知識として蓄積するな！
- 自分の打率を上げようという意識を持て！

作戦② 「たとえ話」のセンスを磨け！

元内閣総理大臣・田中角栄氏の娘、田中眞紀子さんは、政界の女帝として有名でした。父の角栄氏のDNAを継いでいるせいか、演説の達人でもありました。

彼女の最大の武器は、秀でた「たとえ話」のセンスでした。自民党の総裁選の候補者であった小渕恵三、梶山静六、小泉純一郎の三氏を「凡人、軍人、変人」と揶揄したことは有名です。短くて歯切れよい比喩であったため、当時、瞬く間にマスコミで話題となりました。

このように、的を射た比喩には稲妻のような伝達力があります。眞紀子氏自身が小泉内閣の外務大臣であったとき、小泉総理に更迭されました。その際、小泉総理がなかなか眞紀子氏の思い通りにさせてくれなかったことへの不満を「私のスカートを踏みつけていたのは小泉さんだった」と表現しました。これを聞かされた人は、彼女が感じていた苛立ちを瞬時に自分のことのように実感できたのです。

たとえ話には、相手を瞬時に自分の立ち位置に引っ張り込み、自分の経験を相手に体感、共感させる力があります。主張自体が正しいかどうかは別にして、たとえ話は、主張を伝える上で絶大な力を持つのです。どうしたら私たちもたとえ話のセンスを磨けるのでしょうか。以下、考えていきましょう。

ただし、この「作戦2　『たとえ話』のセンスを磨け！」は、たとえ話を作り出す具体的方法の解説ではありません。作戦2では、たとえ話を着想できる力をつけるための日頃の心がけを紹介します。日常生活でふだんから実施できる鍛錬法の解説です。一方、たとえ話を作り出す具体的方法は、第4章の「作戦7　たとえ話で説明せよ！」で詳しく解説します。

◆「たとえ話」の上達法

第1章で「アナロジー思考」という考え方を紹介しました。誰に教わらずとも、人間の脳が自然に採用している思考法の一つがアナロジー思考でした。

人間の論理的思考に働きかけるのが論理的説明であり、アナロジー思考に働きかけるのが比喩なのです。どちらも説得力を強化するための車の両輪です。「説得力」というテーマになると、とかく論理的説明だけを重視する風潮があります。しかし、比喩を論理的説明と同等に重視するのが本書の特徴です。

比喩が説明を分かりやすくし、その結果、説得力を生み出す現象は広く知られています。私も数行前に「車の両輪」という何気ない比喩表現を使いました。「二つの事項が等しく重要で、どちらか片方だけではうまく物事が進展しない」という長いニュアンスを、たった四文字に凝縮して表現できています。これが比喩の威力なのです。

仕事などの説明シーンで、こうした比喩がうまく使えるようになるにはどうしたらよいのでしょうか。それには、一見まったく似ていないような二つの事柄の間に潜む類似性に気づけるよう、日頃から心がけることです。

◆鳥の目を持て

比喩表現を思いつくには、万物の間に隠れている類似性に気づくことが重要です。

さまざまな物を近視眼的に見る虫の目では、万物の間に潜んでいる類似性に気づくことは困難です。物事を広く俯瞰する鳥の目が必要になります。なぜなら、通常、説明の中で使われる巧みな比喩表現は、視覚的に似ているものにたとえるわけではないからです。

視覚的に似ていないものどうしをいくら虫の目で近視眼的に見ても、まったく似ているようには見えないものです。もちろん、「雪のように真っ白な肌」という視覚的な比喩表現もありますが、比喩の代表例とは言えないでしょう。

さきほど「論理的説明」と「比喩」の二つの手法を私は「車の両輪」にたとえました。「論理的説明」や「比喩」と「車の両輪」との間に視覚的な類似性などまったくありません。「氷のように冷たい男」という比喩表現にも、視覚的な類似性はありません。これらが一般的な比喩です。

「車の両輪」のような、誰もが使う定型化された既存の比喩表現と違い、まったく新しい独自の比喩表現がほしい場合もあります。自分の説明を分かりやすくしたいときです。このような場合、構造上の類似性で比喩を検討したほうが、比喩のネタ探しの検索範囲が広くなります。

たとえば、65ページで私は、根拠がない状態で主張する私の不安を裸のヤドカリの心理になぞらえました。私とヤドカリは視覚的にはまったく似ていません。自分の主張を防衛してくれる根拠がない状態と、ヤドカリを防衛してくれる貝殻がない状態との類似性を表現した比喩でした。「自分を防衛してくれる○○がないので不安」という構造上の類似性です。

構造上の類似性で比喩を思いつくには、やはり、物事を俯瞰する「鳥の目」が必要なのです。とはいえ、鳥の目が重要と言われても、具体的に日々、どうしたらよいのかピンと来ないはずです。多忙な毎日、どうしてもセカセカと生き急いでいることが多いからです。その結果、人は近視眼的になりがちです。つまり、「虫の目」になってしまうのです。虫の目で物事を観察すると、すべてが似ていない別物に見えます。そうなると比喩を思いつくことなど不可能です。

現実生活でいっぱいいっぱいでも、時には哲学者のように物思いにふけるような時間を作りましょう。わざわざ決まった時間を取るのではなく、通勤電車の中などで音楽を聞きながらでもよいでしょう。

◆天の邪鬼になれ

外見上、まったく似ていないものどうしの間の類似性に気づくには、現実生活に流されないことも大切です。そして何より、疲弊していて休養ばかりしたがる脳を刺激することが大切です。

また、脳は休みたがるだけではなく、処理の効率化のため、他人の考えに便乗したがります。物事の判断を全部、自分の脳で処理していたら大変だからです。そこで、専門家が出した意見などをそのまま自分の考えとして採用するのです。これは脳の怠惰というよりは、自然な省力化のメカニズムです。

バターなどの乳製品が最近、異常に値上がりしている、などというニュースがあったとしましょう。テレビなどで専門家がその原因に関して、たとえば「異常気象が原因」「原油値上がりによる輸送コストの上昇」「投機筋の買い占め」などと解説してくれます。テレビの前の私たちは素人なので、そうした専門家による解説にふむふむと頷き、納得します。自然なことです。

こうしたよくある現象も、自分の脳が働く代わりに、他人の脳の処理結果を採用している例です。しかし、こうしたことばかりが連続すると脳はどうなるでしょう。階段を自分の足で登らず、エスカレーターやエレベーターばかりを利用していると、足腰が弱くなります。朝から晩まで専門家の意見を聞かされて納得していると、私たちの脳にも足腰と同じことが起こります。自分の脳で考える力が弱くなるのです。

外見上、まったく似ていないものどうしの間の類似性に気づくには、脳が自ら一生懸命働いていないと難しいのです。ところが、朝から晩までメディアからもたらされる多種多様な意見、主張に囲まれていると、いつの間にか「自分で考える力」が退化していきます。少し大袈裟かもしれませんが、流されやすい人、洗脳されやすい人になってしまうでしょう。そうなると、たとえ話の発想力からも遠ざかります。

この流れを食い止める方法があります。比喩の発想力を強化する方法です。それが「天の邪鬼になること」なのです。

◆思考力を活性化せよ

ここで言う「天の邪鬼になる」とは、他人任せで怠惰になりがちな脳に活を入れることを意味します。他人の意見に便乗せず、あえて、他人の考えの「逆を考えてみる」のです。

ある大国が、武力で小国を侵略する事件が起きたとしましょう。そんなとき、報道はその大国を非難するトーンで一色になるはずです。その大国の言い分を伝えてくれる報道もあるかもしれませんが、少数派のはずです。あるいは、逆にその大国の軍事行動が当然だ、という報道で一色になるときもあるでしょう。

そんなときにお勧めしたい脳のトレーニング法があります。世間で多数派を占める意見のあえて逆の考えをしてみるのです。世間が大国の軍事行動を非難していたとしたら、あなたは、あえてその軍事行動を支持する意見を持ってみるのです。逆に、世間がその大国の軍事行動を支持しているとしたら、あなたは、あえてその軍事行動を非難する意見を持ってみるのです。つまり、そのときの世間の風潮に対し天の邪鬼になるのです。

誤解のないように補足しておきますが、世間と逆の意見を本当に持て、という意味ではありません。脳を刺激するゲームとして、テレビで報道されている大勢の意見と逆の視点で物事を眺めてみる、という意味です。

世間が大国の軍事行動を非難していて、あなたの本当の意見もその大国を非難している場合でも、それはそれでいいのです。あなたの本当の意見を変える必要はありません。たとえ話の上達法として、脳に活を入れるために、一時的なゲームとして天の邪鬼になってほしいのです。

そうすることで、他人の意見にいつも便乗し、怠けがちだったあなたの脳のスイッチが入ります。脳が汗をかいて働き始めるのです。

憎むべき連続殺人犯が逮捕されたとき、「よかったね！」で思考停止せず、その犯人を弁護するシナリオを考えてみるなどもよいでしょう。もちろん、架空のシナリオです。実際にその考えを口に出して人に伝えたら、不謹慎でしょう。しかし、沈黙したまま内心で思考するだけなら、誰の迷惑にもなりません。

こうして、常に「世間と逆の視点から考えてみる」ということを習慣化できれば、怠惰な脳も自分で考える力が鍛えられます。固定観念でガチガチに固まった頭では、面白い比喩を発想することはできません。天の邪鬼になることで、粘土をこねるようにガチガチの頭を柔軟にし、比喩表現を生み出す土台を作るのです。

◆一日一題、謎かけせよ

たとえ話上達のための日頃の心がけとして、もう一つお勧めできることがあります。それは、謎かけ遊びをすることです。

謎かけとは、「××とかけて、△△と解く。その心はどちらも……」という言葉遊びです。「遊び」と言っても、相手を必要としない独り遊びで十分です。通勤時や帰宅後、浴槽につかっているときなどにでもできます。

「××とかけて、△△と解く。その心はどちらも……」とは、まさに二つの事柄「××」と「△△」との間の共通点、類似点を見つける思考法です。もっと正確に表現すれば、お題として「××」が与えられたとき、その特徴を思いつき、その特徴に似ている別の物である「△△」を思いつく、という発想の訓練です。一日一題でも、この謎かけを習慣化すれば、比喩表現の着想力を強化できます。

ただし、音の重なりをテーマとする駄洒落の謎かけを除きます。同音異義語の多い日本語では、駄洒落の謎かけはいくらでも思いつきます。たとえば、「NHKとかけて、良心的なお土産屋さんと解く。その心はどちらも丁寧に放送（包装）するでしょう」という類です。これでは、比喩表現着想の訓練にはなりません。

比喩表現着想の訓練となるには、相互関係や構造の類似性に着目した謎かけである必要があります。たとえば、これまで私が使ってきた比喩と関連づければ、「説得者とかけて、登山のガイドと解く。その心は、どちらも進むには相手の同意が必要です」などです。

このように、比喩と謎かけは直結しています。ただし、もちろん比喩から謎かけを作るという意味ではなく、その逆に、ふだん謎かけの訓練をすることで、たとえ話のセンスを上達させることが狙いです。

作戦② 「たとえ話」のセンスを磨け！

● 意識して鳥の目を持て！

- 多忙でも、時には哲学者のように物思いにふけろ！
- 天の邪鬼になれ！
- 一日一題、謎かけせよ！

作戦③ 論理の落とし穴に注意せよ！

正しいことを主張して相手の同意を得たい場合、もし、根拠の不備を自覚していたなら、それを人前で披露するはずがありません。しかしながら、私たちは日頃、説得力のない根拠を自分の主張についつい織り交ぜてしまうことがあります。その理由は、根拠に不備があることに「自覚がない」からこそなのです。その結果、自覚がないままに人前で説得力を欠いた説明をしてしまうのです。

それでは、いったいなぜ、私たちは自覚が持てないのでしょうか。それは、私たちが「論理の落とし穴」、つまり「日常的に間違いやすい論理」に対する意識が希薄だからです。このような「落とし穴」に落ちないために、論理学の基礎を学んでおくことをお勧めします。

論理学の基礎は、改まった説得場面などでなく、日常の雑談を通じても身につけることができます。日頃から論理学の基礎を意識しながら生活することは、あなたが「説得力ある人物」になることを助けてくれるでしょう。

◆カルシウム不足が骨粗鬆症の原因？

たとえば、「カルシウム不足が続けば、骨粗鬆症《こつそしょうしょう》になります」という意見は正しい主張です。そのため、「カルシウムを十分取っていれば、骨粗鬆症にはなりません」という主張も、ついつい正しいと錯覚してしまいがちです。しかし、この主張は誤っており、説得力がありません。こうした錯覚が「論理の落とし穴」の一例なのです。

世の中には、正しい主張をしているにもかかわらず、説明が下手で説得力に欠けるということはよくあります。しかし、忘れてはならないことは、「誤った主張をすること」こそが、説得力を欠く最大要因だという点です。

私たちが自分の主張に説得力を持たせたい場合、最初に注意しなければならないことは、「誤った主張をしない」ということです。そのために私たちがなすべき最初の第一歩が、「論理の落とし穴」に陥らないようにすることなのです。

この「誤った主張をしない」の中の「主張」とは、ピラミッド構造の頂上に位置する最終主張のことだけを指しているわけではありません。途中で通過しなければならない「小さな主張」のすべてに対して、「誤った主張をしない」ことが求められます。「小さな主張」は、必ずその上の主張を支える根拠として動員されているはずです。ですから、それら個々の根拠である「小さな主張」が間違っていれば、すぐに根拠不備となり、ピラミッド構造が崩れてしまうのです。

◆日常生活にも役立つ論理学

ところで、前述の「カルシウムを十分取っていれば、骨粗鬆症にはなりません」という錯覚を論理学風に詳しく解説してみましょう。この錯覚は、「ある主張が正しくても、その主張の『裏』も正しいとは限らない」というルールに無知であることから陥る錯覚なのです。

研究者や技術者などを除き、多くの人がふだん数学とは無縁の生活を送っているでしょう。数学など自分の日常生活とは無関係と感じている人がほとんどだと思います。三角関数や微分積分が、私たちの日常生活に役立つ実感が持てないから当然です。

しかし、微分積分などとは違い、論理学の一部のルールを身につけておくことは、日常生活での強力な武器になります。とくに説得力増強のためには欠かせない武器になります。なぜなら、説得とは、「小さな主張」から次の「小さな主張」へ移動を重ね、最終的にピラミッド構造の頂点に至る作業だからです。つまり、このプロセスで繰り返される「移動」を正確に行うことに役立つのが、論理学だからなのです。

論理学に無知のままでいれば、「論理の落とし穴」に落ちてしまいます。そうなると、自分自身では、ある「小さな主張」から次の「小さな主張」に無事移動したつもりになっても、説明相手の目には移動失敗に見えていたりするのです。

説得を冬山登山になぞらえるなら、論理学は、登山道具のピッケルのようなものです。ピッケルとは、工事現場などで使われるT字形のツルハシのような形をした登山道具です。冬山でガッチリと足場を確保したり、滑落を防止したりしてくれます。ピッケル同様、論理学も説得過程でガッチリと足場を確保し、滑落を防止してくれる重要な働きをしてくれるのです。

◆主張の三つの派生形

さて、主張自体は分かりやすく説明されているにもかかわらず、説得力に欠ける、というシーンはよく見かけます。そんな場合、重要なことは、**説得力のない主張の原因は、例外なく「根拠の不備」だということです。**なぜそんなミスが起きるのかといえば、「論理の落とし穴」を知らないからなのです。そこで、説得力増強のため、数学嫌いな人でも覚えておいたほうがよい論理学の基本ルールを紹介します（図H）。

図H　主張の３つの派生形

オリジナルの主張【Aならば、必ずBである】
（正）それが鯨なら、必ず哺乳類である。

【1】「裏」の主張【Aでなければ、必ずBでない】
（誤）それが鯨でなければ、必ず哺乳類ではない。
【2】「逆」の主張【Bならば、必ずAである】
（誤）それが哺乳類なら、必ず鯨である。
【3】「対偶」の主張【Bでないなら、必ずAでない】
（正）それが哺乳類でなければ、必ず鯨ではない。

すでに正しいと分かっている原理や主張があったとしましょう。図Hでは、それを「オリジナルの主張」として枠で囲みました。

「すでに正しいと分かっている原理」と言えば、公理もそうでした。しかし、公理に限らず、すでに根拠によって正しいと証明された主張や知識も含めて、「オリジナルの主張」と考えてください。そうした公理や原理、主張は、「Aならば、必ずBである」という条件つき結論の形式を取ります。論理学用語で言う「命題」の形式です。

図Hでは、この正しいことが分かっているオリジナルの主張の一例として、「それが鯨なら、必ず哺乳類である」を挙げています。自然な日本語なら「鯨は哺乳類です」と言いたいところですが、ここはあえて命題の形式で話を進めます。

このオリジナルの主張に対し、三種類の派生形が存

図1　対偶が正しい理由

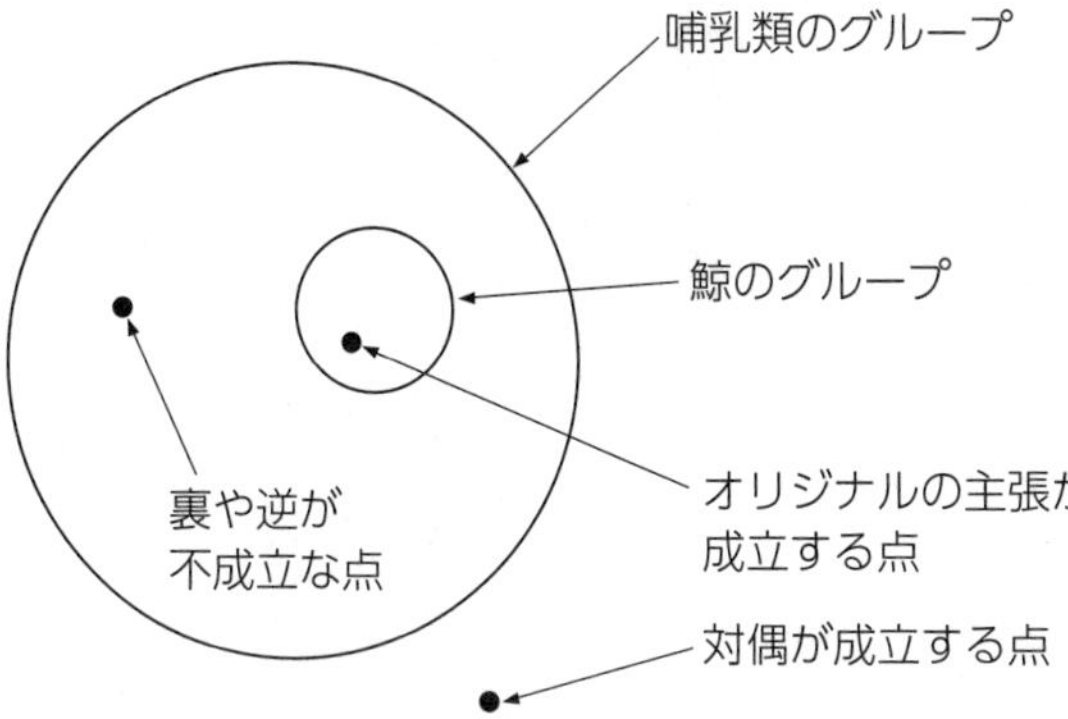

在していることをまず覚えてください。これらの派生形の名称は、すでに第1章（30ページ）でも紹介したように、「裏」「逆」「対偶」です。

このとき、単純なルールがあります。もし、オリジナルの主張が正しい場合、派生形の主張でも必ず常に正しいと言えるのは「対偶」のみです。つまり、「裏」や「逆」は、必ず成立するとは言い切れません。図Hで「オリジナルの主張」として挙げている「それが鯨なら、必ず哺乳類である」で考えると実感できるでしょう。

まず、オリジナルの主張の「裏」は「それが鯨でなければ、必ず哺乳類ではない」となりますが、これは明らかに誤りです。牛や熊は鯨ではありませんが哺乳類だからです。

オリジナルの主張の「逆」は「それが哺乳類なら、必ず鯨である」です。これも明らかに誤りです。牛や態は哺乳類ですが、鯨ではないからです。

最後に「対偶」を検討しましょう。オリジナルの主張の「対偶」は、「それが哺乳類でなければ、必ず鯨ではない」になります。どうでしょうか。鯨は哺乳類のグループの内側に完全に含まれています(図I)。哺乳類のグループの外にあるものは、鯨のはずがありません。したがって、対偶の主張は正しいことになります。

まとめると、主張の三つの派生形は、「裏」「逆」「対偶」の三つです。そして、この三つの中で「対偶」だけが正しいのです。作戦3で言う「論理の落とし穴」とは、「裏」や「逆」を正しいと勘違いすることです。この二つの論理の落とし穴に関しては、86ページ以降、もう一度、別の角度から取り上げます。

◆対偶だけが正しい

「論理の落とし穴」の前に、「対偶が正しい」ということを今一つ実感できない人は、もう一度、図Iを参照してください。

オリジナルの主張は、「それが鯨なら、必ず哺乳類である」という主張でした。図Iでは、鯨のグループを小さな円で描きました。哺乳類のグループを大きな円で描きました。

オリジナルの主張は「どの鯨を選んでも、それは必ず哺乳類です」という意味です。だとすると、「鯨のグループの中で、どんな点（鯨）を選んでも、その点は必ず哺乳類のグループの中にあるはずです」という意味になります。さらに言い換えると、「小さな円の中のどの点を選んでも、それは必ず大きな円の中にあるはずだ」という当然の意味になります。

この関係が必ず成立するには、小さな円が大きな円の中に完全に含まれる関係でなければなりません。それを表したのが図Ｉになるわけです。大小二つの円がバラバラに離れていたり、二つの円の一部だけ重なる関係ではありません。この図Ｉの小さな円の中のどんな点（鯨）を選んでも、必ず、それは同時に大きな円の中の点（哺乳類）でもあるわけです。すなわち、小さな円の中の点はどれも、オリジナルの主張が成立している点になります。

ここで、大きな円の外にある点を考えてください。この点は哺乳類のグループの外にあるので、哺乳類ではありません。この点は同時に小さな円の外でもあるため、鯨でもありません。つまり、大きな円の外のどんな点（非哺乳類）を選んでも、必ず、それは同時に小さな円の外の点（非鯨）でもあります。大きな円の外の点とは、対偶である「それが哺乳類でなければ、必ず鯨ではない」が成立する点に該当するわけです。

オリジナルの主張とは小さな円の中の点を指し、対偶とは大きな円の外の点を指しています。この図Ｉで概観すると、「オリジナル」の主張が正しければ、「対偶」も正しいことが実感できるのではないでしょうか。

◆対偶の便利な利用法

ところで、「対偶が正しい」という知識が、説得力ある説明をする上で何か役に立つのでしょうか。大いに役立ちます。この知識の便利な利用法として次の二つがあります。

①主張の表現を対偶によって単純化できる。
②対偶を使って、自分の複雑な主張の真偽を自己点検できる。

①の例として、まず、説得相手があなたの小さな主張にピンと来ていない状況を思い浮かべてください。そんなとき、代わりに、その小さな主張の対偶を主張してみる方法があります。必ずとは言いませんが、あなたが最初に思いついた表現より、対偶表現のほうが単純で分かりやすい場合があるからです。つまり、あなたが最初に思いついた「オリジナルの表現」と「対偶表現」とで、どちらが相手にとって単純で分かりやすいのかを検討してみるのです。

たとえば、「不良率が五パーセント以上か、あるいは納期遅延が五日以上の場合は、契約違反とするべきです」ということをあなたが最初に言いたかったとしましょう。オリジナルの主張が「AならばB、必ずBである」だった場合、対偶とは「非Bならば、必ず非Aである」でした。こ

れに当てはめると、

- Aは↓「不良率が五パーセント以上か、あるいは、納期遅延が五日以上の場合」であり、
- Bは↓「契約違反とする」

となります。それぞれの否定形を考えましょう。すると、

- 非Aは↓「不良率が五パーセント未満、かつ、納期遅延が五日未満の場合」であり、
- 非Bは↓「契約条件とする」

となります。これを基に、対偶表現「非Bならば、非Aである」を作ることができます。オリジナル表現と対偶表現を比較してみましょう。

オリジナル表現

「不良率が五パーセント以上か、あるいは、納期遅延が五日以上の場合は、契約違反とするべきです」

対偶表現
「契約条件は、『不良率が五パーセント未満、かつ、納期遅延が五日未満』とするべきです」

この例の場合では、オリジナル表現より、対偶表現のほうがややスッキリするので、対偶表現で説明するほうがよいでしょう。

では、「②対偶を使って、自分の複雑な主張の真偽を自己点検できる」についてはどうでしょうか。相手への説明シーンではなく、自分の考えを検証する際に役立つことがあります。

あなたが、さきほどの「オリジナル表現」で自分の意見を主張しようとする場合、その妥当性をチェックする意味で、さきほどの対偶表現のほうに転換してみるのです。対偶表現に転換してみても、主張が成り立てば、それは正しい主張だと判断できるわけです。一つの物体を前後の二方面から確認するような感覚です。このように、自分の主張を片面だけから点検するより、両方向から確認することでミスが少なくなるのです。

◆「裏」を正しいと勘違いするな

さて、いよいよ「論理の落とし穴」の核心をお話しします。77ページで述べた「カルシウム不

図J　カルシウム不足は骨粗鬆症の原因？

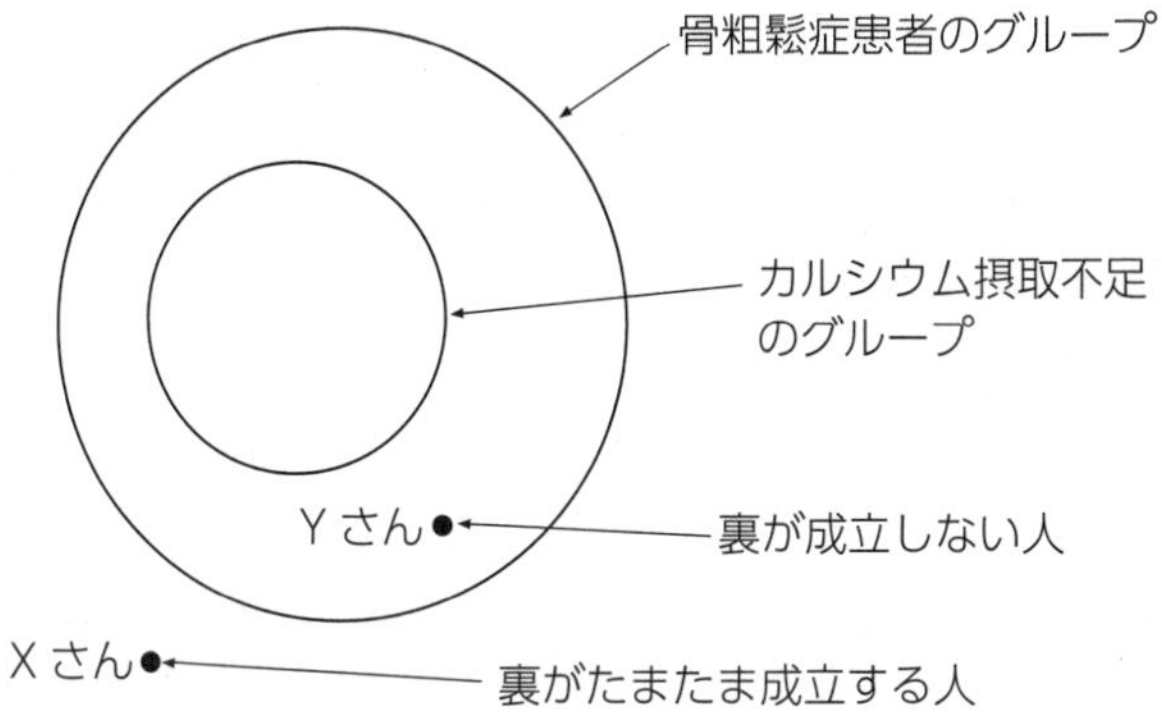

足と骨粗鬆症」の問題を思い起こしてください。

一見、正しそうな「カルシウムを十分取っていれば、骨粗鬆症にはならない」の主張が、なぜ誤りなのでしょうか。これは、「カルシウム不足が続けば、骨粗鬆症になる」という正しい主張の「裏」でした。本書で学んだばかりの「裏は常に正しいとは限らない」、だから「裏は誤りである」との理解でも十分です。

しかし、さきほどの二つの円の関係で理解する方法でもよいでしょう。図Jを見てください。小さな円がカルシウム摂取不足のグループです。大きな円が骨粗鬆症患者のグループです。小さな円が大きな円に完全に含まれているので、オリジナルの主張である「カルシウム不足ならば、骨粗鬆症になる」が成立しています。

さて図Jでは、小さな円の外に、二人の人物であるXさんとYさんが描かれています。小さな円はカルシウム摂取不足のグループでした。二人とも小さな円の外にいるので、二人とも「カルシウムを十分取っていれば」に該当しています。

ここでXさんについて考えてみましょう。Xさんは大きな円（骨粗鬆症患者のグループ）の外にいるので、「骨粗鬆症にはならない」にも該当しています。つまりXさんは、たまたま裏の主張であった「カルシウムを十分取っていれば、骨粗鬆症にはならない」人に該当することになります。

一方、Yさんはどうでしょうか。大きな円（骨粗鬆症患者のグループ）の中にいるので骨粗鬆症患者です。したがって、裏の主張である「カルシウムを十分取っていれば、骨粗鬆症にはならない」に該当しない人です。つまり、Yさんは、裏の主張の反証例の人物になります。反証例が一例でもあれば、その主張は誤りということになります。ですから、「裏は必ずしも正しいとは言えない」のです。

骨粗鬆症の原因は、カルシウム摂取不足以外にも運動不足、加齢によるホルモン不足、喫煙習慣、過剰なUVケアによるビタミンD不足、遺伝要因などいろいろあります。Yさんは、カルシウム摂取不足以外の原因で骨粗鬆症を発症した人なのです。そのため、「カルシウムを十分取っていれば」という条件で、骨粗鬆症の原因のたった一つであるカルシウム摂取不足を排除したからと言って、「骨粗鬆症にはならない」と言い切れないのです。

◆「逆」を正しいと勘違いするな

「カルシウム不足と骨粗鬆症」の錯覚で、私たちが「裏を正しい」と勘違いしがちだと述べました。私たちが勘違いしがちなことがもう一つあります。それは「逆を正しい」と勘違いすることです。

ふつうは「逆を正しい」と勘違いをすることはありません。「日本人はアジア人です」という正しい主張の「逆」は「アジア人は日本人です」となります。この逆の主張は明らかに奇妙なので、誰でも間違いだと直感できます。しかし、勘違いが起こりやすい場合もあります。

ある調査をしたら、「犯罪者の八七パーセントがラーメン好き」という結果が出たとしましょう。そそっかしい人は、この調査結果の「逆」も正しいと勘違いしがちです。逆とは、「ラーメン好きな人は犯罪を犯しやすい」という錯覚です。

他にも、日常生活でこうした勘違いをする例はよくあります。ビールが大好きで、毎日ついつい飲み過ぎてカロリー過多になれば、お腹が出てきます。「ビールを飲み過ぎれば、お腹が出る」というのは正しい主張です。この逆は、「あなたのお腹が出ているのは、ビールを飲み過ぎているせいよ！　もう少し毎日のビールの量を減らしなさい！」という主張です。

もし、これを言われた人が、たまたまビールを毎日飲んでいたのなら、この主張はいかにも正しいように思えてしまいます。しかし、これも「正しい主張の逆も正しい」と安易に発想してしまう日常的錯覚の一例なのです。

この人がたとえ毎日ビールを飲んでいたとしても、そのビールから得られるカロリー量でお腹が出ているわけではないこともありえます。毎日のビール量は適量かもしれません。そうではなく、昼食に丼ご飯を何杯もお代わりして、かきこむように食べていたことがお腹が出ていた真の原因かもしれません。

前述の「カルシウムを十分摂取すれば、骨粗鬆症にならない」という発想は、オリジナル主張の「裏」を正しいと勘違いする錯覚でした。そして、この「お腹が出ているのは、ビールの飲み過ぎのせい」という発想も錯覚なのです。オリジナル主張の「逆」を正しいと勘違いする錯覚なのです。

「誤った主張」は、説得力を失わせる最大要因であることを忘れないでください。説得力のある説明を行いたい場合、あなたが最初に行わなければならないことは、最終主張でも、個々の小さな主張でも、「誤った主張」をしないということなのです。

作戦③ 論理の落とし穴に注意せよ！

- 誤った主張は説得力を損なう最大要因だと心得よ！
- 裏を正しいと勘違いするな！
- 逆を正しいと勘違いするな！
- 対偶で単純化して説明せよ！
- 自分の主張をその対偶から自己点検せよ！

第4章

分かりやすく説明せよ！

◆「分かりやすい」には二種類ある

人の主張を聞いたり読んだりしていて、「説得力があるな～」と感じるのは、「分かりやすい」と感じるときです。

厳密に言うと、じつはこの「分かりやすい」には、次の二つの意味があります。一つ目が、「意味が分かりやすい」であり、二つ目が「論理が分かりやすい」です。この二つは、図G（49ページ）が示している説得力の二大成分、「分かりやすい説明」と「正しい根拠」に対応しています。

「分かりやすい説明」と「正しい根拠」は、説得力の車の両輪です。この第4章では、車輪の一つである「分かりやすい説明」の基本テクニックを取り上げます。

「分かりやすい」とは、「スピーディーにスラスラと楽に意図が分かる」という意味です。本章では、説得相手に「説明が分かりやすい」と感じてもらうためのさまざまな手法を紹介します。もう片方の車輪である「論理が分かりやすい」と相手に感じてもらう手法は、次の第5章で解説します。

作戦④　細切れに伝えよ！

◆脳の入口は狭い

人間の脳に情報が入っていくときの入口には、「短期記憶」と呼ばれる記憶域があります。この記憶域の容量が小さいことは有名です。７３８４８４５３０６２などの意味のない数字の列を一目見ただけで、あなたは何個の数字まで記憶できるでしょうか。目を閉じて、今、見たばかりの数字を覚えているだけ先頭から順番に言ってみてください。

認知心理学では、このような数字の個数で言えば、人間の能力では平均七個程度ということが知られています。数字ではなく、「みかん」「国会」「映画館」「ビール」などの単語の個数でも七個程度です。

脳に突然入ってくる、こうした意味のない情報の羅列を一時的に記憶する場所が、私たちの短期記憶という場所なのです。数字七個程度を覚えるのが限界ですから、いずれにせよ、「**脳の入口は非常に狭い**」という事実を知ってください。しかも、「短期記憶」という名称が示すように、短期記憶が記憶を保持していられる時間は極めて短く、一〇秒も経てば忘れてしまいます。じつは、「脳の入口」である短期記憶の主な役割は「記憶」ではありません。主な役割は、脳に入ってきた情報を瞬時に「分析、解釈」する情報解析センターのような仕事です。記憶機能は、その解析作業のための補助的なメモ帳のようなものなのです。別名、「作業記憶（英語ではワーキング・メモリー）」と呼ばれるのも、こうした理由からです。

◆狭い入口が最初の難所

さて、以上述べたように、「脳の入口は非常に狭い」という事実が、人間どうしのコミュニケーションに横たわる最初の障害物だといってもよいでしょう。コミュニケーションを運動会の障害物競走にたとえれば、コースの最初に細長い袋が置いてあるようなものです。この難所を切り抜けないと、自分が伝えたい情報が相手の脳内に入っていかないからです。相手の脳内に届かなければ、正しい論理もへったくれもないわけです。

前述の通り、短期記憶は、目や耳から飛び込んできた情報の意味を解釈する場所です。目や耳から短期記憶に送られて来る情報の固まりの単位は「文」です。句点「。」で区切られる「文」です。これは、目から送られてくる文章情報だけではなく、耳から送られてくる音声情報でも同じです。

このとき、一個の「文」に含まれる単語の個数が、短期記憶が一度に記憶保持できる七個程度だったらどうでしょう。その場合、比較的に楽に処理できます。その「文」の最後まで読み終えた時点でも、メモ帳（短期記憶）にすべての単語が保持されているからです。それらの単語の相互関係を理解しつつ、その文の意味を確定できるからです。「文」という言葉から、「文章」だけのことを指していると誤解しないでください。繰り返しますが、耳で人の話を聞いているときも同じです。

では、「一つの文」（句点「。」で区切られる一個の文）の中に含まれている単語の数が二〇個程度だったらどうでしょう。あなたがそのような長い文を書いたり、話したりしたらどうなるでしょう。相手は、その文の意味を解釈しているあいだ、全部の単語がメモ帳（短期記憶）の中にあるわけではありません。情報が多すぎて、意味解析の処理中に溢れてしまうからです。

つまり、それが人の話であれば、最後のほうを聞いているときには、冒頭で何を言っていたかすでに忘れてしまうわけです。文章を読んでいるときも同じです。一つの文の最後のほうを読んでいるときには、その文の冒頭で何が書かれていたかを忘れてしまうわけです。

こんな事態になると、意味を解釈するという脳の作業が順調に進むわけがありません。文章で一つの文が長ければ、忘れかけている文の冒頭を読み返すという手間が生じてしまいます。スラスラ読める文章ではないということです。口頭説明での一つの文が長ければ、説明者に聞き返せない状況では、意味不明のまま聞き流すしかありません。

◆細切れに伝えよ！

こうした事態になれば、自分の意図が説得相手の脳にうまく進入できるはずがありません。どうすればよいのでしょうか。そのコツを描いたのが図Kです。

図では、脳の入口である狭い短期記憶を高さの低いトンネルになぞらえました。また、情報伝達の単位である一つの文を一台のトラックになぞらえました。トラックの積み荷が、説得相手に伝えたい情報です。

欲張って一台のトラック（一つの文）の積み荷を多くしすぎると、高さの低いトンネル（短期記憶）に入っていくことができません。長い一文で書いたり、話したりすれば、相手に自分の意図が順調に伝わらないのです。

早口で話すことも、トラックに情報を過積載することと同じです。早口で話される情報が高さの低いトンネル（短期記憶）にぶつかり、内部へ進入することができないのです。また、話すときは、「文章での句点（。）」は、時間が許す限り「間」で表現しましょう。口頭説明では、この「間」こそがトラックとトラックの切れ目に該当するからです。「間」が少ない話し方は、トラックの台数が少なくなることを意味し、その結果、情報の過積載になりがちです。

図K　欲張らず、少量ずつ確実に運ぶ

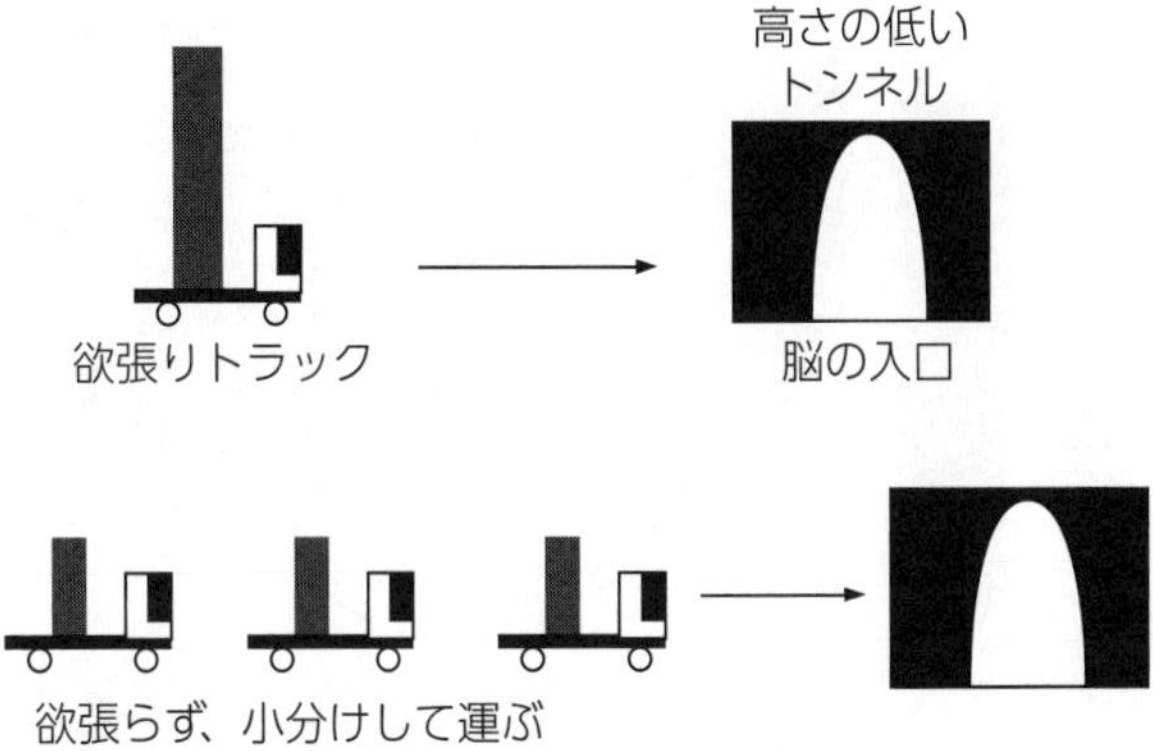

積み荷をなるべく複数台のトラックに小分けして運びましょう。積み荷が低くなり、高さの低いトンネルにも順調に入っていけます。短めの一文で書いたり、話したりするほうが相手に伝わりやすいのです。

一文が長めだと、人には伝わりません。以下、例文を紹介します。

伝わらない表現Ⓐ

厳密に言えば、「説得されて取る行動」とは、騙されたり、脅されたり、相手に操作されたりして取る行動ではなく、「自発的に取る行動」ですから、自分の利益のために行う「人たらし」的な心理誘導テクニックは、本書のテーマからは分離することとしました。

伝わる表現Ⓐ

厳密に言えば、「説得されて取る行動」とは、騙されたり、脅されたり、相手に操作されたりして取る行動ではありません。人が説得されて取る行動とは、「自発的に取る行動」なのです。ですから、本書では、自分の利益のために行う「人たらし」的な心理誘導テクニックは扱わないこととしました。

伝わらない表現Ⓑ

私は人とのコミュニケーションで、相手の対応が非常に無礼だったり、愚かだったりして、しかも相手にその自覚がないらしい場合、私が見ているそうした「無礼さ」や「愚かさ」という映像を相手にもそのまま見せてあげたいという強烈な衝動を覚えます。

伝わる表現Ⓑ

私は人とのコミュニケーションで、相手の対応が非常に無礼だったり、愚かだったりして、しかも相手にその自覚がないらしい場合、ある強烈な衝動を覚えます。私が見ているそうした「無礼さ」や「愚かさ」という映像を相手にもそのまま見せてあげたいという衝動です。

「伝わる表現」の改善例のほうが、全体量は若干増えてはいます。しかし、各一文が短くなっているため、改善例のほうが説得相手に確実に伝わります。効果的に説得したければ、一文を短くして簡潔に話したり、書いたりしましょう。

作戦④　細切れに伝えよ！

- 欲張って、だらだらと一文を引っ張るな！
- 切れ目を増やして、一文を簡潔に短くせよ！
- 聞き手の短期記憶が溢れないように、ゆっくり丁寧に話せ！
- 話すときは、文の切れ目の句点で「間」を入れよ！

作戦⑤ 設計図を最初に渡せ！

唐突ですが、何かの部品を一つ一つ順に渡されて、何を組み立てるのかも教えられず、「組み立ててください」とだけ言われたら戸惑いませんか。同じように、話の冒頭で「何を説明するのか」を告げられずに、いきなり詳細について聞かされた人も戸惑うはずです。

説明を聞いたり、文章を読んでいる人には、耳や目から一つ一つの単語が入ってきて脳に送られます。この一つ一つの単語が部品に該当します。人の話、人の文章が「何を伝えたいのか」を理解するために、人は脳に送られてくるそれらの部品（単語）を脳の中で組み立てていくのです。

渡された部品で何かを組み立てなければならないとき、もし最初に設計図を与えられず、つまり、完成したら何ができあがるかも知らされなかったらどうでしょう。どんどん部品だけ渡されても、それらの部品を組み立てるのは厄介です。各部品の位置づけや役割の見当がつかないからです。第一、何を目標に組み立ててよいのかも分からないので、組み立て作業は滞るはずです。

しかし、各部品を渡される前に、冒頭で全体の設計図を渡されたらどうでしょう。たとえば、本棚組み立てキットの設計図が最初に示され、その後で各部品を渡されたら、ずっと組み立てやすいのではないでしょうか。最初に与えられた設計図のおかげで、各部品の位置づけや役割が分かりやすいからです。

口頭説明や文章で人を説得する場合もまったく同じです。**説得相手には、冒頭からいきなり部品を渡さず、まず設計図を渡しましょう。**ここで言う「設計図」とは、あなたが相手に一番伝えたい「主張」です。そして「部品」とは、詳細な補足情報を指します。

設計図である主張は、これから始まるあなたの説明が「何を伝えたいのか」を相手にあらかじめ知らせる役目を持ちます。そうすれば、以降、あなたから相手に順次渡されていく詳細情報（部品）の位置づけや役割を理解しつつ、それらを効率的に組み立てていくことができます。設計図（言いたいこと）を先に渡されることで、「何を組み立てればよいか」という目標が与えられるわけです。

たとえば、六個の文が次のような順番に並んでいたらどうでしょう。

①彼はその時間、コンビニに出勤していました。
②そのコンビニは、その家から車で五〇分ほどの距離です。
③彼の靴のサイズは二五センチです。

④ 残されていた靴跡のサイズは二七センチです。
⑤ 彼には動機がありません。
⑥ だから、彼は犯人ではありません。

口頭でも文章でも、説得相手にこの順番で説明していく場合、相手に最初に伝えられる情報は①の「彼はその時間、コンビニに出勤していました」です。この情報は、これら六個の文の固まり全体で伝えようとしていることの「主張（設計図）」でしょうか。いいえ、そうではありません。単なる「詳細情報（部品）」です。

いきなり冒頭で、①の部品情報を与えられた人はどう感じるでしょうか。まだ②以降の情報を与えられていないという時点でです。その場合、この①の部品の位置づけや役割に関してはまったく見当がつきません。何を目的（主張）として、この①の情報が与えられているのかが分からないからです。

そもそも、これら六個の文の固まり全体で一番言いたい主張は、①から⑥までの情報の中のどれなのでしょうか。どうやら「言いたいこと」である主張は、⑥の「彼は犯人ではありません」のようです。①から⑤の情報は、⑥の主張を納得してもらうための裏づけ部品情報です。

つまり、この順番では、「設計図を一番最後に渡す」という最悪の見本になっています。これでは、最初の①の部品を渡されても、その時点でその部品の役割が分かるはずがありません。こういう順番で情報を渡される相手は、ずっとある疑問を持ち続けます。設計図である最後の主張に到達するまでの間、脳内にずっと「何が言いたいんだろう？」との疑問が浮かんだまま放置されるのです。

「主張」とは、相手の「要するにお前は何が言いたいの？」との問いかけに対する回答です。

相手を説得しているとき、相手の心中にあるこの問いかけに、いつまでも答えない時間が長引けば、相手はどのような印象を持つでしょう。そうです、答えは単純です。役割の分からない部品を渡され続けると、人は「苛立つ」のです。「さっきからごちゃごちゃ言ってるけど、要するにお前は何が言いたいの？」と苛立つのです。

たとえば突然、「予想外の円高が続いているからです」と何かの根拠だけ告げられたら、どうでしょう。「だから、それで？」と当然、その根拠によって言いたい主張を聞きたくなります。主張ではなく根拠のほうを先に伝えれば、相手が、「その根拠によって言いたい主張は何だろう？」と疑問を持ち続けるのは当然です。

◆「何が言いたいの？」を言わせない必殺技

ご自分の発言や文章に対し、上司や先輩から「要するにお前は何が言いたいの？」と叱られたことはないでしょうか。もし、そのような経験をお持ちなら、ある強力な解決策を紹介しましょう。

とても簡単な方法です。その解決策とは、文章でも、口頭説明でも、この疑問「要するにお前は何が言いたいの？」に対し、最初から回答してしまうことです。相手がこの疑問を持つ可能性を冒頭で封じる必殺法です。必ず、自分が一番言いたい主張をその発言や文章の冒頭で述べてしまえばよいのです。

仮に主張が冒頭以外の場所にちゃんと置かれていたとしても、冒頭で述べられるよりは相手への伝達率はかなり落ちるものです。文章の例で言えば斜め読みされたり、対話中でも聞き流されたりする可能性があるからです。やはり、主張は冒頭で渡すのが一番効果的なのです。

「何が言いたいの？」に対する冒頭での回答は、まさにこれから展開する自分の説明の目的、全体像を知らせる設計図です。さきほどの六個の情報を並べ替えてみましょう。設計図に該当する主張の部分を先頭に置いてみます。

①彼は犯人ではありません。
②なぜなら、彼はその時間、コンビニに出勤していました。
③そのコンビニは、その家から車で五〇分ほどの距離です。
④彼の靴のサイズは二五センチです。
⑤残されていた靴跡のサイズは二七センチです。
⑥彼には動機がありません。

こんどは、「設計図」に相当する、自分の主張である「彼は犯人ではありません」を冒頭に置きました。この順番での発言を聞いている人、あるいは文章を読んでいる人の気持ちになってみてください。これから順次渡されてくるであろう部品で組み立てる目標がまず分かりました。これから組み立てるジグソーパズルの完成図を最初から知っているようなものです。

次に、②の「彼はその時間、コンビニに出勤していました」の部品を受け取ったときの気持ちはどうでしょう。設計図である主張を最後に伝えられた当初の順番（103ページ）では、この部品を受け取っても、その部品の位置づけ、役割の見当がまるでつきませんでした。しかし、こんどは「この部品はおそらく、アリバイの話だろう」と役割の見当がつきます。まさに設計図を最初に渡してもらえた効果なのです。

「彼は犯人ではありません」を含めた六個の例文では、説明の都合上、全体としてかなり短い情報量にしました。もっと一般的な表現でも、「設計図を最初に渡せ！」の方針が有効であることを紹介しましょう。まず、「何を言いたいのか」の主張を冒頭で述べない、相手を苛立たせる「悪い例」から紹介します。その後、引き続き、設計図を最初に渡すように改善した例を紹介します。

悪い例 **設計図（主張）を最初に渡し忘れている例**

炭素を含む化石燃料を燃やすことで、二酸化炭素が発生し、地球温暖化を加速させます。炭素を含まない燃料があれば、二酸化炭素を発生させません。「燃料電池」は「水素」だけを原料としているので、排出されるのは水だけです。ですから、燃料電池は地球温暖化を加速させないクリーンなエネルギーとして有望です。

改善例 **設計図（主張）を最初に渡している例**

燃料電池は地球温暖化を加速させないクリーンなエネルギーとして有望です。炭素を含む化石燃料を燃やすことで、二酸化炭素が発生し、地球温暖化を加速させます。炭素を含まない燃料があれば、二酸化炭素を発生させません。「燃料電池」は「水素」だけを原料としているので、排出されるのは水だけです。ですから、燃料電池は地球温暖化を加速させないクリーンなエネルギーとして有望なのです。

◆どんなサイズの固まりにも

この「設計図を最初に渡せ！」の方針は、自分の発言や文章のどんな大きさの固まりにも実行してください。

文章の例で説明すれば、文章全体も大きな一つの固まりといえます。報告書をイメージしてください。その報告書全体も一つの固まりなので、その冒頭に報告書全体としての主張を簡潔に述べる必要があります。本書のような書籍では、「はじめに」がそれに該当します。

また、報告書に「章」や「節」という単位の固まりがあれば、それぞれの章や節の主張を冒頭に置きましょう。さらに、「段落」という一番小さな固まりでも、各段落の冒頭にその段落の主張を書きましょう。

なお、段落の場合、主張を冒頭に置く手段は二つあります。一つ目は、その段落の中の文章の冒頭で主張を述べる方法です。ただし、「彼は犯人ではありません」の例のように一つの文でなければならないという規則はありません。必要であれば、その段落の設計図としての主張を二つ以上の文で表現してもよいのです。

段落で主張を冒頭に置く二つ目の手段は、「小見出し」で表現する方法です。その段落の主張を短く表現できるのであれば、前のページの「どんなサイズの固まりにも」のような小見出しでもよいのです。

文章ではなく、会議やプレゼンや商談などでの発言でもまったく同じです。全体の発言が五個の部分に分けられるのなら、やはり各部分の冒頭で、各部分の主張を簡潔に述べるようにしましょう。

◆「看板」効果も忘れるな！

あなたの説得相手があなたの説明を聞いたり、説明文を読んだりしているとき、「あること」が相手を苛立たせます。相手を苛立たせることは説得の成功率を下げてしまうので、避けなければなりません。

その「あること」とは、説得相手にとって、「必要のないことを聞かされたり、読まされたりすること」です。説得相手はあなたの主張に同意するべきかどうかを判断する上で、知りたい情報、必要な情報だけがほしいのです。不要な情報を長々と聞かされたり、読まされたりすれば、それは時間の無駄であり、当然、相手は苛立ちます。

唐突ですが、あなたが昼休みなどにレストラン街へ行ったとしましょう。そのとき、仮にあなたが今日はパスタを食べたいと思っていたとしましょう。そんなとき、あなたはなぜ間違ってお寿司屋さんに入ったりしないのですか。なぜ間違ってトンカツ屋さんに入って、時間を無駄にしたりしないのですか。そんなことを疑問に思う人はいないでしょう。間違ったお店に入らないですむ理由は、すべての飲食店で「看板が表示されているから」です。

非現実的ですが、看板表示が一切ないレストラン街をイメージしてください。パスタを食べたいのに、間違って長い行列に並んでやっと入ったお店がラーメン屋さんだった、などということも起こるでしょう。時間の無駄です。また、次のお店も扉を開けて中に入ってから、やっとお寿司屋さんだったことに気づくかもしれません。食事をしたい人にとっては、非常に非効率なレストラン街です。自分が行きたいお店を瞬時に探せないからです。説得相手が知りたい情報をなかなか与えず、相手にとって不要な情報ばかりを与え続ける説明も、この非効率なレストラン街と同じです。

では、どうしたらよいのでしょう。その答えは、自分の説明をふつうのレストラン街のようにすればよいのです。あなたの説明の要所要所の冒頭に、看板を表示すればよいのです。あなたの説明に七つのテーマがあるとしたら、それは七つの飲食店からなるレストラン街のようなものです。各テーマごとに看板を表示しましょう。

具体的には、どうするのでしょう。簡単なことです。繰り返し述べてきたように、各テーマの主張を各テーマの冒頭で述べることです。口頭で説明する場合でも、文章で説明する場合でも同じです。ひと固まりの文章の冒頭で、その文章の主張が書いてあれば、飲食店の看板が表示されているのと同じ効果を発揮します。

たとえば、看板に「燃料電池はクリーンなエネルギーとして有望です」と書かれていたとします。説得相手が、そんなことは根拠を含めてとっくに精通している人だったらどうでしょう。その先に書かれている詳細は読む必要がありません。ですから、その看板が表示されているひと固まりの文章は瞬時に読み飛ばすでしょう。パスタを食べたい人がお寿司屋さんの前を通り過ぎるのと同じです。無駄がありません。読み飛ばして、やはり看板表示を頼りに、自分がほしい情報の固まりを探すでしょう。

しかし、看板表示がなく、テーマの冒頭が「炭素を含む化石燃料を燃やすことで、地球温暖化を加速させます」という詳細情報（部品）で始まっていたらどうでしょう。説得相手は、このひと固まりの文章を読む必要があるのかないのか、この時点では判断できません。しばらく読み進む必要があります。パスタを食べたい人が、看板表示のないラーメン屋さんにできた行列に間違って並んでしまうような無駄です。行列の先頭まで来て店内に入ってから、やっとラーメン屋さんであったことに気づきます。

冒頭で主張を表示しない文章、つまり、看板表示のない文章は、説得相手に無駄な文章を読ませるので相手を苛立たせます。口頭説明でも文章でも、情報のひと固まりの冒頭に主張（一番伝えたいこと）を述べることは、飲食店の看板表示と同じなのです。

◆看板とは新聞の見出しと同じ

新聞の見出しを思い浮かべれば、新聞の各記事の冒頭の見出しが、まさに看板の役割をしていることが分かります。出勤前の朝の忙しい時間に、新聞をざっと斜め読みできるのは、まさに各記事の冒頭に置かれている見出しという看板表示のおかげです。見出しによって、読みたくない記事をスムーズに読み飛ばせるからです。

逆に、まったく見出しのない非現実的な新聞をイメージしてみてください。細かい文字でびっしりと記事本文しか書かれていないのです。そんな新聞があったとしたら、まさに、看板表示がまったくない怪しげなレストラン街と同じです。希望の飲食店を瞬時に取捨選択できないように、読みたい記事を瞬時に取捨選択できません。読み手にとって、非効率な文章構成なのです。

口頭説明でも事情は変わりません。あるプレゼンの冒頭で、あなたはそのプレゼンの主張である「札幌に新工場を設立すべきです」を述べたとします。説得相手は、その主張をすでに詳しく知っていたとしましょう。つまり、冒頭で述べられた主張は、相手にとって「これから始まる説明は聞く必要がない情報です」という合図になります。

これが一対一の説得シーンだとしたら、相手は「その話はいいから、それよりも○○の根拠を説明してください」などと言ってくれるでしょう。このような場合は、相手の中途割愛の要望に応じましょう。相手が必要のない情報に無駄な時間を使わないで済むからです。

一対一の説得シーンではなく、聞き手が複数のプレゼンの場合でも同じです。自分にとって必要のない説明が始まりそうな場合、自分以外の聞き手もいるので、「先に進んでください」のような自分勝手な中途割愛の依頼はしないでしょう。しかしながら、必要のない話の進行中は、軽く聞き流しつつ、相手の最終的な主張に同意できるかどうか、今まで聞いた情報を思い浮かべながら自分の思考を整理できるでしょう。

しかし、プレゼンの冒頭で看板としての主張を述べず、「炭素を含む化石燃料を燃やすことで、地球温暖化を加速させます」などという詳細情報から話が始まったとします。すると、相手はその話を傾聴する必要があるかどうかを瞬時に判断できないため、しばらく聞き続けなければなりません。つまりは、看板表示のないレストラン街をさまよい歩かされる不便さを聞き手に強いることになるのです。

説得相手を苛立たせないためには、文章説明でも口頭説明でも、各テーマごとに看板表示することが重要なのです。

◆冒頭で主張を述べる三つの効果

長くなったので最後に、文章でも口頭説明でも、主張を冒頭で述べることの三つの効果をまとめておきましょう。

①疑問封殺効果
②設計図効果
③看板効果

①の疑問封殺効果で、文章でも口頭説明でも「いったい何が言いたいんだろう?」という相手の疑問を最初から封じてしまえます。相手が苛立つ機会を最初から奪ってしまえる点が大きなメリットです。

②の設計図効果は、設計図を最初に渡すことで、相手が初めから完成図をイメージできることを意味します。そのことで、相手はそれ以降に渡される個々の部品の役割の見当がつきます。説明相手は当然、部品の組み立てがそれだけ楽になります。こうして、説得相手は、あなたの発

言や文章の意図をスラスラと理解してくれるのです。

③の看板効果は、説明相手の情報に対する取捨選択を積極的に助けます。説明相手が知りたい情報をなるべく短時間に効率的に得られるようにしてあげる配慮です。説明相手が知りたい情報を早く得られれば、それだけ相手があなたの主張に納得してくれる瞬間も早まるわけです。

作戦⑤ 設計図を最初に渡せ！

- 各テーマの冒頭で主張を簡潔に述べよ！
- 「いったい何が言いたいんだろう？」には冒頭で答えてしまえ！
- 設計図効果で後続の詳細情報を分かりやすくせよ！
- 看板効果で相手の取捨選択を助けよ！
- 文章のひと固まりには、適切な看板（見出し）をつけよ！
- 見出しをつけない文章の固まりでも冒頭で主張を述べよ！
- 口頭説明では相手の要望に応じて中途割愛せよ！

作戦⑥ 相手の視点から説明せよ！

先日、ある大きな病院へ行こうと、事前にその病院のサイトを開いてみました。一番知りたかったことは、初診受付が何時から何時までなのかの受付時間帯でした。

ところが、受付時間帯の情報は冒頭のページに記載されていないだけではなく、「診療科案内」「診療手順」などのページに飛んでいっても、やはり見つかりません。「診療手順」というページの中でも、「保険証提示のお願い」や「他院から紹介された方へ」「再来受付機の使用法」「会計でのクレジットカードの使用」などの説明はありますが、私が一番知りたい受付時間帯の情報が見つからないのです。その病院に初めて行く患者には最も基本的な情報のはずです。

苛立ちが沸点に達した私は、ついに電話をかけて受付時間帯の情報をやっと得ることができました。なんたる非効率なサイトでしょう。

閲覧者に情報を与えるインターネット・サイトも、一種の「説明」です。この病院のサイトは、相手の視点を外した説明の一例と言えます。つまり、「自分たちが知らせたいこと」だけに着眼してサイトを設計しているのです。「閲覧者が何を知りたいか」「閲覧者が知りたい事項の優先順位」等の視点をまったく忘れています。インターネット・サイトに限らず、企画書でも、広告チラシでも、プレゼンでも、商談でも、相手の視点、発想を外した説明は街にあふれています。

「相手の視点を外す」とは、相手の世界観に立たず、自分の世界観から自分の理解をただただ押しつける様子をいいます。たとえるなら、日本語が分からないフランス人を相手に、一生懸命に日本語で説明するようなものです。当然、「自分の理解」を日本語で主張しているのですから、自分の主張は自分自身にはよく分かります。しかし、相手は日本語が分からないフランス人ですから、「相手の理解」にはなっていないわけです。これでは、冒頭から説得失敗です。

◆相手を見て通訳せよ

実際には、この極端な例のように、日本語が分からないフランス人相手に日本語で説明するような人はいません。苦しまぎれでそうすることがあっても、フランス人相手に日本語が通じるとは誰も考えません。

しかし、日本人どうしでは、この極端な例のようなことを平気で行っている人をよく見かけます。つまり、相手に対し、相手の世界観を想像することもなく、ただただ「自分の理解」を伝える人です。まるで相手に説明するのではなく、自分自身に対して説明しているような人です。

説明とは、「自分の理解」を「相手の理解」に変換する作業です。この点で、説明とは通訳に似ている作業だと言えるでしょう。説明とは、「自分の理解」を相手にただ渡すだけの単純作業ではないのです。「自分の理解」を「相手の理解」に変換するという高度に知的な作業なのです。したがって、この「通訳する」というセンスを欠いている人は、なかなか自分の主張を巧く説明して相手を説得することができません。

◆説明に必要な二つの知識

では、実際に「通訳する」というセンスで説明上手になるにはどうしたらよいのでしょうか。それには、まず、説明者には二つの知識が必要である、との認識を持つことが出発点です。その二つとは、「説明対象」に関する知識と「説明相手」に関する知識です。

誰でも、「説明対象」、つまり説明することについて熟知しておくことが重要だとの認識は持っています。しかし、「説明相手」に関する知識は、世間では軽視されがちです。

たとえば、あなたの会社で素晴らしい新製品が開発され、あなたは午後、お得意様を訪ねてその新製品の説明をすることになっているとしましょう。このような状況に置かれると、人は誰でも説明対象であるその新製品のことは必死に勉強します。しかし、その新製品を説明することになっている説明相手のことを事前に研究する人は、そう多くはありません。つまり、「自分の理解」の準備に終始するだけで、それを「相手の理解」に変換する作業を意識していないのです。

この変換作業を意識するなら、当然、相手を知る必要が出てきます。相手のことを研究せずに説明の準備をすることは、相手の足のサイズを知らずに靴を作るようなものです。説明と靴は同じです。万人の足に合う靴がこの世に存在しないように、万人に分かりやすい説明など、この世に存在しません。靴を特定の足のサイズに合わせて作るように、説明シナリオは特定の相手に合わせて作る必要があるのです。

相手を見ないで「自分の理解」をただ押しつけるような説明は、医師が幼児の患者に対し、難解な医学用語で病状説明するようなものです。この医師の説明下手から分かるように、説明とは、「説明対象」に関する知識だけでは成立しないのです。もう一つの「説明相手」に関する知識も必要なのです。

◆相手の前提知識を把握せよ

それでは、説明の際に必要になる「説明相手」に関する知識とは、具体的にいったい何なのでしょうか。それは、説明相手が持っている前提知識です。その**前提知識を正確に把握しておくことが何より大切です**。なぜなら、説明相手が持っている前提知識の有無により、その部分に関する説明の必要性の有無が変わるからです。

さきほど、私は説明を靴にたとえました。万人に合う靴が存在しないのは、人の足のサイズがバラバラだからです。説明のシーンでは、説明相手によって前提知識がバラバラです。だからこそ、一つの固定的な説明が、万人にとって「分かりやすい説明」とはならないのです。

ダメ営業マンは、自社の講習会で勉強した固定的商品説明をすべてのお客様に対してするでしょう。要するに説明相手をまったく見ていないわけです。フランス人に日本語で説明するのと同じです。

一方、できる営業マンは、お客様と雑談を交わしながらも、お客様がどんな前提知識のあるタイプなのかを探ります。そして、お客様がすでに知っている部分はさりげなく割愛し、時間を浪費しないので、お客様を苛立たせません。また、お客様が意外に知らない常識的な部分に関しては、お客様に恥をかかせないように、これまたさりげなく説明します。このように、できる営業マンは、お客様の足のサイズにピッタリと合う靴を提供するのです。

◆適切な説明とは

図Lを見てください。一番上の横長の長方形は、説明相手の前提知識がどの部分なのかを示しています。横長の長方形全体が、説明対象に関する知識のすべてだと思ってください。長方形の「黒塗りの部分」は、説明相手の前提知識の部分です。空白部分は、その説明相手がまだ知らな

図L　適切な説明とは？

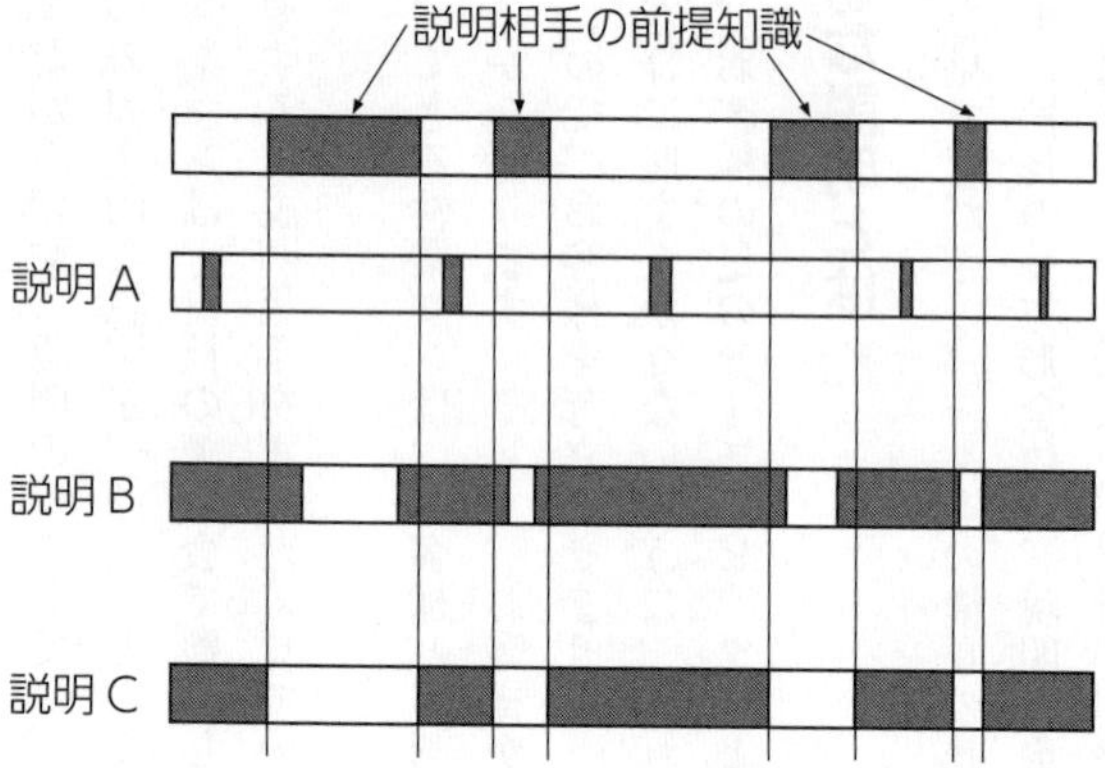

い部分です。

一方、その下に並んでいる三つの長方形は、説明A、B、Cという三つの説明方法を表しています。これら三つの説明方法を表す長方形の中での「黒塗りの部分」は説明している部分です。空白部分は逆に割愛部分です。

さて、説明Aから説明Cまでのうち、どの説明が一番適切な説明だと思いますか。

適切な説明では、説明相手が知らない部分を取り上げ、説明することが必要です。説明Aでは、説明相手が知らない空白部分に関して若干、説明してはいますが、量が不足しています。説明Aの説明領域（黒塗りの部分）は、図Lの最上段にある説明相手の空白部分の全域をカバーしきれていません。つまり、説明Aは、「端折《はしょ》りすぎ」「舌足らず」な説明です。

次に説明Ｂはどうでしょう。説明Ｂの説明領域は、説明相手がすでに知っている前提知識の部分に少し重なっています。つまり、説明Ｂでは、説明相手が知っている部分まで説明する「くどい説明」になっています。説明量が十分なので、相手に「分かりにくい」という不快感は与えません。しかし、相手の時間を浪費するので、説明相手が快適になるわけでもありません。不快感は相手が同意してくれる可能性を下げてしまいます。そんな不快感を相手に与えるという点で、説明Ａも説明Ｂも同じです。

一番下の説明Ｃでは、説明相手の前提知識を表した最上段の長方形と、ネガフィルムのようにちょうど白黒が反転しています。つまり、説明Ｃでは、説明相手が前提知識としてすでに知っている部分は正確に割愛し、なおかつ、説明相手が知らない部分だけを正確に説明しています。説明Ｃこそが、理想的な説明と言えます。

あなたの意識では、きちんと分かりやすく説明しているはずなのに、相手に思うように通じていないときがあるでしょう。そんなときは、この図Ｌを思い出しましょう。きっと、あなたの説明が最下段の説明Ｃになっていないはずです。

さらに、その場合の説明ミスは、説明Ａなのか説明Ｂなのかと問われれば、世間では説明Ａのミスが圧倒的に多いことをつけ加えておきましょう。つまり、割愛しすぎの舌足らずの説明で失敗するケースが大部分なのです。その理由を次に説明しましょう。

◆説明とは「抜粋」である

私たちは人に説明する立場に立つと、図Lのような意識とはまったく関係なく、ところどころ割愛しています。「割愛する」という言葉を使うと、何か意識的に「説明を省く」ようなニュアンスがありますが、実際には無意識に行われています。私たちが無意識に割愛してしまう現象は、むしろ「必要な説明事項を説明し忘れる」という表現のほうが正確でしょう。

なぜ、そんなことが起こるのでしょうか。

あなたがあることを人に説明しようとする場合、そのことに関して微に入り細に入り完璧にすべてを説明することなど、現実問題として不可能です。時間の制約もあるでしょうし、説得という目的にとって重要ではない詳細もあるからです。現実世界では自然なことです。つまり、あなたは無意識に「自分で必要と感じる部分だけ」を抜粋して説明しているのです。

「抜粋」と「割愛」は、ちょうど逆の行為です。あなたが「抜粋」しなかった部分は、あなたの説明から「割愛」された部分とも言えます。つまり、私たちの説明は、必然的に「歯抜け状態」なのです。

ところで、どんな場合に説明C（図L）のような理想的な説明を達成できるのでしょうか。それは、用意周到に説明相手の前提知識を事前調査、確認したときです。それによって、前提知識部分だけを用意周到に割愛できるからです。

しかし、残念なことに、私たちは戦略があって「意識的に割愛する」のではなく、ただなんとなく「無意識に抜粋している」にすぎません。このぼんやりと無計画に行っている「抜粋」が、あなたの説明を分かりにくくしている犯人の場合もあるのです。

あなたが無意識に自分の説明から割愛してしまった部分に関し、「なぜ割愛したのですか？」と問われたとしましょう。その場合、おそらくあなたの答えは「必要ないと思ったから」となるはずです。正確に言えば「相手もすでに知っていると思ったから」という意味です。つまり、あなたは「あなたが推測する相手の前提知識」の部分を無意識に割愛していたのです。

もちろん、割愛部分が本当に相手の前提知識だった場合は、理想的な説明C（図L）になり、問題ありません。しかし、実際には、割愛しているのは「あなたが推測する相手の前提知識」です。残念ながら、この「推測」は外れることが多いのです。実際には、相手が知らないことを相手の前提知識と勝手に勘違いし、必要な説明を割愛してしまうのです。

この現象を私は「**前提共有の錯覚**」と呼んでいます。実際には説明相手に共有されていない前提に関し、自分と説明相手が共有していると思い込む錯覚です。つまり、自分と説明相手が共通の土俵の上に立っていると考える錯覚です。その共通の土俵の上に、論理だけは完璧なピラミッド構造で相手に説明するのです。しかし、実際には相手がその土俵にいないため、あなたの説明は相手にとってチンプンカンプンとなってしまいます。巷でよく見かける光景です。

◆脳内残像が邪魔をする

「前提共有の錯覚」という現象を解説している私自身でさえ、この錯覚に陥ることがよくあります。

私が担当する企業向け一日研修などでは、午前はスライドを使った座学、午後からグループ実習を行うのが恒例です。その午後のグループ実習の際、私自身は、実習の進め方を冒頭で分かりやすく説明したつもりになっています。ところが、研修終了後に受講生に記入してもらったアンケートを見ると、ときおり「グループ実習の進行方法の説明が分かりづらかった」と指摘されることがあります。私は、分かりやすく説明した「つもり」になっていただけだったのです。

そんな失敗を経験するからこそ、気づかされたことがあります。説明者は当然、説明対象をよく知っています。精通しているからこそ、説明する立場に立つわけです。そのため、説明者の脳内には、これから説明しようとする対象の全体像がイメージされています。本書では、このイメージを「**脳内残像**」と呼ぶことにします。

図Mを見てください。ここで描かれているピラミッドが、あなたが意図する説明の全体だとします。最終主張まで根拠が積み重なっている完璧なピラミッド構造です。あなたの脳内では、あ

図M　説明とは抜粋である

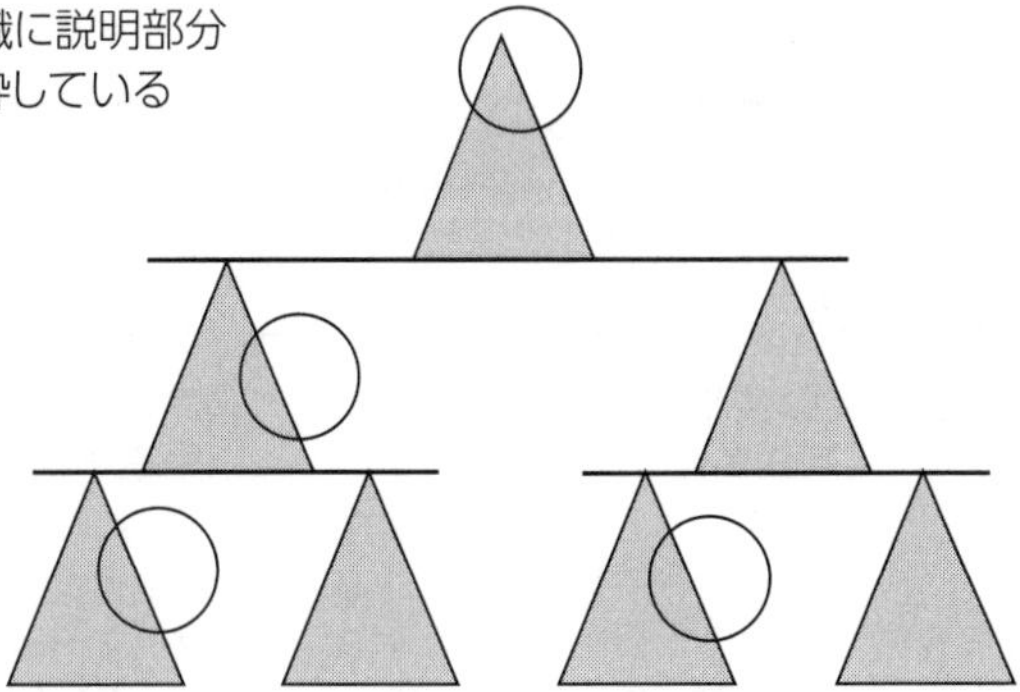

なたの主張はこのピラミッドのように理解されているわけです。

ところが、繰り返し述べているように、「説明とは抜粋」です。あなたは、自分の脳内にあるあなたの理解を語りつくすことはなく、「語る部分」、あるいは「書く部分」を無意識に抜粋しています。図Mで丸印をつけた部分が、それらの抜粋した部分です。そのため、実際に口頭説明や文章で相手に伝わる部分は、図N（次ページ）の右側の「歯抜けピラミッド」になります。

図Nの左側のピラミッドが、あなたが本当は相手に伝えたいピラミッドの全体像です。もし、ここで自分の説明が、図Nの右側のような歯抜け状態であることにあなたが気づいていたらどうでしょう。そのまま放置するわけがありません。「洩れ」や「抜け」を慌てて補足説明するはずです。

図N　実際の説明は歯抜け

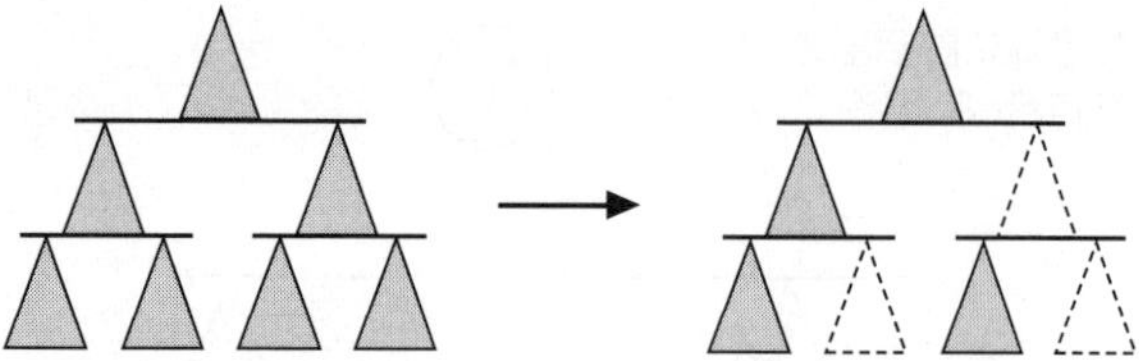

では、実際にそうしないのはなぜなのでしょう。その答えは、**説明者は自分の説明の歯抜け状態を自覚することができない**からです。なぜなら、説明者は、自分の意図する説明の脳内残像（図N左側）と自分の実際の説明（図N右側）が重なってしまうからです。

その結果、自分の説明が、あたかも図Oの左側のような完璧なピラミッドであるかのように錯覚してしまうことになります。これが私も含めて誰もがよく経験する「私はちゃんと説明しているはず」と感じる錯覚なのです。

しかし、実際には相手に通じていない、という現象を示したのが図Oの右側です。相手に伝えるべき前提が「洩れ」や「抜け」となっているため、相手の理解は崩れているわけです。つまり、ピラミッド構造の頂上にあるあなたの最終主張に同意してもらえないことになります。あなたが伝えたいピラミッド構造の全体が、相手にうまく伝わっていないからです。このように、「前提共有」の錯覚による説明下手は、そ

図0　認識のすれ違い

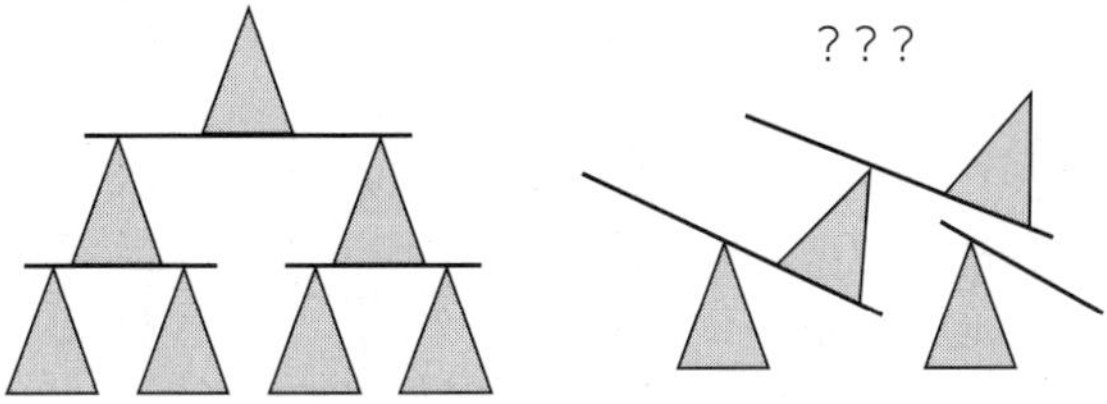

のまま説得失敗につながってしまいます。

◆「洩れ」や「抜け」の対策

自分の説明から抜け落ちている部分を自覚できないないなら、対処しようがないのでしょうか。

完璧ではありませんが、ある程度、対策を取ることは可能です。なぜなら、ついつい説明から抜け落ちる部分というのは、たいてい決まった箇所だからです。対策は「抜け落ちる理由」を考えると自然に浮かび上がります。

私たちは、相手に説明すべき部分を無意識に割愛しているのでした。ある部分を無意識に割愛している理由は、「この部分は説明不要だろう」となにげなく考えるからです。つまり、「この部分は相手もすでに知っているだろう」と誤認するわけです。

この勘違いが起こる理由は、その割愛部分を「誰でも知っている常識」と感じるからです。説明者が「誰でも知っている常識」と感じる部分とは、言い換えるなら「自分自身にとって当然」と感じる部分です。説明から割愛する部分が、仮に「梅雨とは雨が多いシーズンのことです」のような本物の常識だった場合、問題は起こりません。この本物の常識は、前提知識として説明相手にも共有されているからです。

しかし、問題が起こるのは「前提共有の錯覚」に陥るときです。それは「自分にとってだけの常識」であって、「相手にとっては常識ではない部分」を割愛してしまう状況を指します。つまり、相手が知りもしないことを前提として、その上に自分の説明を構築してしまうのです。その結果、相手の理解は、図0の右側のような崩れたピラミッドになってしまうわけです。

◆「狭い世界の常識」に要注意！

自分の説明からついつい抜け落ちてしまいがちな部分とは、ほとんどの場合「自分にとってだけの常識であって、相手にとっては常識ではない部分」です。もっと短く表現すれば、「狭い世界の常識」です。あなたが属する世界でだけの「狭い世界の常識」です。それを全世界で通用する世界の常識だと勘違いし、割愛してしまうのです。

典型的な現象は、専門分野の人々だけに通用する専門用語を素人相手に使ってしまう現象です。説明者が毎日、その専門家集団の中で仕事をしていれば、その専門用語を毎日のように使うでしょう。そのため、それが専門用語であることを自覚できなくなってしまうのです。

専門用語ではなくとも、自分が当然と感じていることは、同様に説明から抜け落ちやすいので要注意です。「自分が当然と感じていること」が、自分が所属している特定の狭い集団や文化でしか通用しない場合がよくあります。

たとえば、職場の同僚の外国人と、日本の温泉地にバス旅行することになったとしましょう。その外国人は日本に来てから二週間しか経っていず、さらに日本の生活習慣に関する知識は皆無だとします。

古い旅館に向かう観光バスの中で、あなたは隣の席の外国人に旅館の説明をします。大浴場の入り方の説明もしなければなりません。あなたが英語ペラペラだとしても、日本人であるあなたの説明は不十分になる可能性が大でしょう。なぜなら、あなたの常識を説明し忘れる可能性が大きいからです。

その「常識」とはたとえば、「大浴場とは男女別の公衆浴場です。つまり、他の大勢の宿泊客と一緒に入浴します」とか「水着着用は禁止です」とか「浴槽の中で石鹸は使ってはいけません」などです。

これらは日本（狭い世界）の常識ですが、世界の常識ではありません。したがって、外国人向けの説明では、前提知識として割愛してはならない部分です。しかし、あなたにはあまりに慣れ切っていて当然のことなので、あなたの説明から洩れてしまう可能性が大きいのです。

しかもあなたは、子供の頃から経験してきた大浴場の様子を脳内に思い浮かべながら外国人に説明します。その大浴場の様子の脳内残像が、あなたの不完全な説明と重なります。その結果、あたかも自分の説明が大浴場の完全なイメージとして外国人に伝わっているように錯覚してしまうのです。重要な情報が抜け落ち、じつは自分の説明が歯抜け状態であることを自覚できないのです。

狭い世界の常識を自覚し、それらの説明を洩らさないように注意しましょう。

作戦⑥ 相手の視点から説明せよ!

- 相手を見よ!
- 通訳する意識を持て!
- 相手の前提知識を正確に把握しておけ!
- 割愛できる部分とできない部分の線引きをせよ!
- 前提共有の錯覚から目覚めよ!
- 自分たちだけの常識を誤って割愛するな!

作戦⑦ たとえ話で説明せよ！

◆東電職員を悩ませた官邸からの質問

東日本大震災での福島第一原発事故の際、官邸から福島原発に電話での質問がいろいろと入ったそうです。もちろん、国家の緊急事態に対し、政府の真摯な責任感からだったのでしょう。現場の状況を正確に把握し、国家権力によって支援すべきことは支援したい、指示すべきことは指示したいという動機からだったはずです。

ただ一般的に、政治家は原子力に関してはまったくの素人です。現場の緊急事態に対処していた東電職員は、そのような官邸からの質問の対応に苦労したそうです。

官邸からのそのような素人の質問に東電職員が苦労していた様子が、「たとえ話」で紹介されていました。「まるで、飛行機の墜落を必死に回避しようとしている機長が、背後から『飛行機はなぜ飛ぶのですか？』のような質問をされているような感覚でした」と。

私たちはこんなたとえ話を聞かされると、コックピットで必死になっている機長の様子が目に浮かびます。そして、福島原発の東電職員が官邸からの素人のような質問に戸惑っていたであろう様子を瞬時に実感させられてしまうのです。これがたとえ話のパワーです。

第1章で述べたように、人間には二つの思考法があります。論理的思考とアナロジー思考でした。説得相手の論理的思考に働きかける論理的説明は、第5章「論理的に説明せよ！」で詳しく解説します。そして、相手のアナロジー思考に働きかけるのが、ここで解説する「たとえ話」です。

過去の体験とのパターン・マッチングで処理するアナロジー思考の特長は、その高速処理能力です。つまり、効果的なたとえ話は、相手の「分かりが早い」のです。たとえ話をうまく使えば、説得相手がこちらの主張に瞬時に納得してくれる可能性があります。

◆「たとえ話」を思いつくコツ

第3章の「『たとえ話』のセンスを磨け！」（67ページ）では、巧みなたとえ話を発想できるようになるためのふだんの心がけを紹介しました。それに対し、ここでは、仕事などの具体的な場面で必要になるたとえ話を実際に作り出すコツについて考えていきましょう。

たとえ話をするとは、自分が言いたい主張に似ていて、誰もがイメージしやすい別の話を提示するということです。福島原発事故で東電職員が経験した緊急事態の様子を、墜落を回避しようとする機長の緊急事態になぞらえたたとえ話でも同じです。

たとえ話とは、要するに「似たもの探し」から始まります。似たもの探しといっても、たとえ話を着想するには、視覚的に似たものを探すわけではありません。構造が似ているものを探すのです。構造が似ているものを探すことはそう難しくありません。なぜなら、「世界は相似形であふれている」というのが私の持論だからです。

ご存じのように、相似形とは、サイズの違いを除けば同じ形どうしの図形を指します。サイズが異なる二つの図形の片方を、形を変えずに縮小、または拡大すれば、もう片方の図形に完全に重なるとき、その二つの図形は相似形だといいます。ただ、私が言う「世界は相似形であふれている」とは、形のことを指しているわけではありません。もっと広い意味で言っています。

たとえば、ある女性が結婚相手を決めるために、二人の男性と同時に交際していたとしましょう。一方、世界では、お互いに対立する二つの大国が勢力拡大のため、自分の友好国を増やそうとしているかもしれません。ある小国が、その二つの大国の双方に対し、親密な微笑外交を同時に展開したりするでしょう。よりよい支援条件を提示してきた大国と、本格的に友好関係を結ぶためです。

私が言う「世界にあふれている相似形」とは、こうしたことを意味します。結婚相手を探している一人の女性を取り巻く二人の男性。大国と友好関係を結びたい小国を取り巻く二つの大国。

まさに相似形です。こうした相似形に気づくことが、たとえ話の原点です。

◆世界は相似形であふれている

「ある女性とある小国」とのあいだの類似性を相似形という言葉で紹介しました。しかし、ここで例示した相似形のグループは、この女性と小国の二つにとどまりません。他にもたくさんあります。

さきほどの女性は、どちらの男性と結婚したほうが幸せになれるか、二股交際しながら二人の男性の値踏みをします。その小国も二つの大国と二股外交をしながら、二つの大国の値踏みをします。この「二つのものを同時に値踏みする様子」と似ているものとして、「両天秤」という道具があります。この道具も、さきほど例示した相似形のグループに加えることができます。

実際に、二股状態を言い表す比喩表現として、「両天秤」という言葉が広く使われています。たとえば、さきほどの女性に友人が次のように戒めるかもしれません。「いつまでもそんな両天秤にかけていると、そのうち天罰が下って両方に逃げられちゃうわよ！」と。

「両天秤」などは、定型的な比喩表現です。意味したい状況の相似形がそのまま比喩表現になっている例です。「二股」という言葉も、もともとは物の先端がY字形に分かれている形状を指す言葉です。この形状も私の言う「相似形グループ」の一つです。その結果、「二股交際」や「二股外交」などというふうに、日常的な比喩表現として広く使用されているわけです。あまりに使用頻度が高いため、もはや一般には比喩表現とさえ認識されていないのが現状でしょう。

女性に対する友人の助言である「そのうち両方に逃げられちゃうわよ！」の状況との相似形を思いついた古人もいたようです。「二兎を追うものは一兎をも得ず」がそれです。「二匹の兎を追いかける者は、一匹も捕まえられない」という意味です。現在ではことわざ・格言としてよく使われる決まり文句になっています。しかし、この表現が初めて使われたときは、きっと「新鮮で巧みなたとえ話」だったのでしょう。

このように、世界は相似形であふれており、たとえ話のネタは豊富に転がっているのです。

◆相似形に気づくには

ただ、たとえ話に実際に使える相似形に気づくにはコツがいります。図形になぞらえて説明してみましょう。

針金で作られた三角形や台形や星形の図形が、床一面に散らばっているところを思い浮かべてください。こんな状況なら、お互いに相似形である図形を発見するのは簡単です。

しかし、その針金で作られた図形がそのまま散らばっているのではなく、縫いぐるみのように、針金の周囲に綿や布を巻きつけてさまざまなクッションが作られていたとしましょう。もとの針金の図形が分からなくなるほど、すべてフカフカに膨らんだクッションです。そんな膨らんだクッションが床に散らばっている状況をイメージしてみてください。そんな状況では、針金の図形がお互いに相似形になっているクッションのペアを発見することは困難になります。もとの針金の図形が見えないからです。

私たちを取り囲む現実世界は、この状況に似ています。「針金の図形」とは、私たちの現実世界では「物事の本質」に該当します。また、「針金を取り巻いている綿や布」は、私たちの現実世界では「枝葉末節」に該当します。

たとえ話とは、本質どうしが似ているものを示すことです。したがって、たとえ話を作る場合、枝葉末節に隠された物事の本質を見透かす眼力が必要になります。ちょうど、クッションの中に隠れている針金を透視する能力のようなものです。クッションの中に隠れている針金の図形を透視できさえすれば、クッションがどんなに膨らんでいても、すぐに相似形どうしのペアを発見できます。

これこそが、たとえ話を思いつくためのコツです。物事の本質、骨組み、構図の類似性（相似形）に気づくことが重要なのです。「物事の枝葉末節を切り捨てて、その本質を見極める視点」がたとえ話着想の原点です。

似顔絵が本人に似ている理由は、枝葉末節を描かず、顔の特徴の本質だけを強調するからです。たとえ話が分かりやすいのと同じ原理です。たとえ話のうまい人が賢く見える理由は、その人が物事の本質を理解しているように感じさせるからなのです。

◆「本質」とは何か？

それでは、その「本質」とは何でしょうか。

クイズですが、「ＣＤケース」と「冷蔵庫」との共通点は何だと思いますか？

「共通点探し」は、前述した「似たもの探し」のことですから、このクイズは「たとえ話」上達法と大いに関係があります。このクイズにはさまざまな解答が可能です。しかし、どんな答えであれ、即座に解答できた人は、比較的、たとえ話が得意な人だと思います。このクイズにピンと来なかった人には、次の問いかけはどうでしょう。

「ＣＤケース」と「冷蔵庫」と「重箱」と「ビール瓶」との共通点は何だと思いますか？

こんどは分かったのではないでしょうか。そうです、共通点は「入れ物」という点です。外観にとらわれていると、ＣＤケースと冷蔵庫との共通点は、なかなか見えてきません。解答を思いつかなかった人も、「入れ物」と言われてみれば、なるほどそうだと納得してもらえるのではないでしょうか。

もちろん、前述したように、「入れ物」以外に他にもいろいろな解答が可能です。ＣＤケースと冷蔵庫は、一見、お互いにまったく似ても似つかないように思えます。しかし、「入れ物」という大分類で考えると、意外にもＣＤケースと冷蔵庫は同じ仲間なのです。

◆「本質」とは「上位分類の性質」

では、「ＣＤケース」と「冷蔵庫」と「重箱」と「ビール瓶」と「消しゴム」の共通点は何でしょうか、と問われたら、どんな解答が可能でしょうか。きっとこんどは「生活用品」あるいは「工業製品」あたりが解答になるでしょう。

さらに、「冷蔵庫」「ドライヤー」「電子レンジ」「テレビ」などは、「家電製品」という分類にも所属しています。「冷蔵庫」という一つの物体に注目してみると、「入れ物」だったり「工業製品」だったり「家電製品」だったり、さまざまな分類に所属しています。視点を変えれば、冷蔵庫は他にも「重い物」や「冷やす物」などの分類にも所属していると言えるでしょう。

これらはすべて「冷蔵庫」という分類より大きな大分類です。「冷蔵庫」という分類の上位に位置する分類なので、本書では「上位分類」と呼ぶことにします。

冷蔵庫のそれぞれの上位分類には、その上位分類に所属するための条件（性質）があります。「入れ物」「重い物」「工業製品」などです。冷蔵庫の例が示すように、一つのものが同時にさまざまな上位分類に所属しています。そして、その一つのもの（冷蔵庫）は、それが所属する上位分類の所属条件（性質）をすべてあわせ持ちます。つまり、冷蔵庫を例とすれば、「入れ物」であり、「生活用品」であり、「冷やす物」であり、「重い物」でもあるわけです。これらはすべて冷蔵庫の「性質」と言えます。

物事の「本質」とは、その物事が所属する「上位分類の性質」のことなのです。

「冷蔵庫の本質とは？」と問われたら、状況に応じて、これらさまざまな性質の一つを答えてもよいでしょうし、全部を答えてもよいのです。「冷蔵庫の本質とは？」と問われたとき、「冷やす物だよ」でも、「入れ物だよ」でも、どちらも状況に応じて正しいのです。

本質の正体であった「上位分類の性質」は、物事を虫の目の近視眼で見ていると気づきにくいものです。虫の目で冷蔵庫を眺めていては、「冷蔵庫は冷蔵庫」にしか見えないからです。これでは、たとえ話が始まりません。たとえ話を発想するには、物事の本質を見極めるために、鳥の目で俯瞰することが重要なのです。「俯瞰する」をもっと具体的に言い換えれば、「上位分類の存在に目を向ける」ことです。

◆ターゲットとベース

物事の要点、本筋、骨組みである「本質」の正体が分かったところで、いったい、物事の本質から、どのようにたとえ話を作ることができるのでしょうか。実際にたとえ話を作る手順を考えてみましょう。「世界は相似形であふれている」という発想を持てば、そう難しいことではありません。

説明を容易にするため、アナロジー思考を説明する認知心理学の用語を借りることにします。あなたがたとえ話で表現したい状況や自分の主張を、本書では「ターゲット」と呼ぶことにしましょう。また、そのターゲットに似ていて、そのターゲットをなぞらえる対象を「ベース」と呼ぶことにします。

「ベース」という言葉にあまりピンと来ない人も多いでしょう。ベースの部分は、物事をなぞらえる対象です。つまり、すでに相手がよく理解しているものでなければなりません。

「ターゲットとベース」の一例を挙げましょう。人体の動脈を高速道路にたとえるなら、動脈がターゲットで、高速道路がベースです。逆に、高速道路を人体の動脈にたとえるなら、高速道路がターゲットで、動脈がベースです。つまり、前述の通り、「ターゲット」とはあなたが相手に伝えたい部分であり、「ベース」とは、たとえ話の中でそのターゲットをなぞらえる部分なのです。

さて、ターゲットとベースという言葉の語義を確認したところで、たとえ話作成の手順を次にリストアップします。拍子抜けするほど単純です。

ステップ①　伝えたい状況や自分の主張を「ターゲット」とする
ステップ②　そのターゲットの各種上位分類を想起し、それらの「性質（本質）」をキーワードとしてリストアップする
ステップ③　それらのキーワードをなるべく多くあわせ持つベースを探す
ステップ④　必要なキーワードが欠けている部分だけを創作でベースにつけ足す（不要の場合もある）

このように原理だけを並べられてもピンと来ないでしょう。私が以前、実際に使ったたとえ話を例として、この手順の意味を解説します。

◆実際に「たとえ話」を作ってみよう

本書の作戦４（95ページ）で「細切れに伝えよ！」という理念を紹介しました。この理念の発端は、「短期記憶」という脳内の領域が私たちのコミュニケーションに課す制約でした。

私たちの目や耳で見聞きした情報が脳内で最初に通過する領域が、この短期記憶なのでした。

この短期記憶の記憶容量が小さいため、切れ目ないだらだらとした長い情報は、文章でも口頭説明でも、相手の脳内に進入しづらいわけです。

短期記憶への進入後、解析されて意味が確定した情報は、短期記憶を無事通過し、次に「長期記憶」という記憶域に送られます。つまり、私たちが意味を理解して納得した情報は、この長期記憶で保管されます。そうした情報は、今後の人生でいつでも使えるように、その記憶域の名称通り、長期間そこで保管されるのです。

短期記憶の記憶容量が極めて小さいのに対し、長期記憶の記憶容量は逆に大きく、ほぼ無限大といえるほどです。みなさんが学校教育、職場経験、報道、あるいはさまざまな文献等から得ていまだに覚えている知識の総量は膨大なはずです。このことからも、長期記憶の記憶容量がほぼ無限大であることを実感できるでしょう。

じつは私は、自著や講演でこうした脳内の基本的仕組みを簡潔に紹介しなければならないことが、昔から多々ありました。そこで、こうした仕組みを簡潔に分かりやすく説明するため、たとえ話が必要だったのです。たとえ話には、説明内容を「分かりやすく」する効果だけではなく、「印象深く」する効果もあるからです。

「分かりやすい」とは、情報を伝える作業の進行中の「伝わりやすさ」を意味しています。一方、「印象深い」とは、情報を伝える作業が終わった後の「伝わりやすさ（記憶の保持しやすさ）」を意味しています。欲張りな私は、人に物を解説する際、この二種類の「伝わりやすさ」の両方ともほしかったのです。私のこの欲求を叶えてくれるのが、たとえ話だったのです。

◆私の事例：脳内の仕組みを身近なものにたとえる

では、私が自著や講演のために生み出した「たとえ話」を以下に紹介しましょう。そのたとえ話を作り出した過程を、さきほど143ページで紹介した手順に沿って、実況中継風に解説してみます。

ステップ①　伝えたい状況や自分の主張を「ターゲット」とする

ここで私が伝えたい主張は、「人間の外界からの情報は最初、脳内の狭い短期記憶を通り、最後には広い長期記憶に保管される」でした。したがって、この主張が相手に伝えたいターゲットになります。

ステップ②　そのターゲットの各種上位分類を想起し、それらの「性質（本質）」をキーワードとしてリストアップする

脳のこの基本構造から私が想起した本質（キーワード）は、「入口は狭い」「奥は広い」「奥は保管庫」の三点でした。

ステップ③　それらのキーワードをなるべく多くあわせ持つベースを探す

ステップ②で挙げた三点のキーワードをすべて含むベースとして私が思いついたのは、「ビール瓶の空き瓶に水を注ぐ様子」でした。ビール瓶の注ぎ口が狭いのは、ご存じの通りです。空き瓶に水を注ぐ場合、注ぎ口は単に水が通過するだけの「入口」と言えます。つまり「狭い入口」です。また、注ぎ口に比較すれば、ビール瓶の奥が広いこともご存じの通りです。水を注ぐ場合、空き瓶の奥は、水が通過するのではなく留まる空間なので「保管庫」と言えます。つまり「広い保管庫」です。

ステップ④　必要なキーワードが欠けている部分だけを創作でベースにつけ足す（不要の場合もある）

ステップ③で作ったベースには、幸い、「入口は狭い」「奥は広い」「奥は保管庫」の三点のキーワードがすべて含まれていました。したがって、ステップ④で創作を追加する必要はありませんでした。

以上の手順で私が捻り出したたとえ話を、講演などでは次のように紹介しています。まず最初に「短期記憶」「長期記憶」の特性を手短に説明します。その直後に、たとえ話を使って次のようにダメ押ししています。

こじつけに聞こえるかもしれませんが、「入口が狭く、奥が広い」という脳の特徴は、ビール瓶に似ていると思いませんか。

脳がビール瓶に似ていると考えれば、人に物をうまく伝えるコツは、ビール瓶の空き瓶に水をうまく注ぐコツから学べます。水が相手に伝えたい情報であり、空き瓶の中に入った水が、相手が理解し、相手に伝わった情報と考えます。

床に置かれた空き瓶の口が狭いことを無視して、空き瓶にバケツで大量の水をかけたら、どうでしょう。大量の水をかけてはいますが、ほとんどが空き瓶の外側にこぼれ、瓶の中に入っていく水量はわずかです。

上司の方は、部下のミスに苛立って、感情に任せて自分の怒りを早口で部下にぶつけていませんか。営業の方は、会社のマニュアルで覚えたセールストークのまま、早口でお客様に説明していませんか。相手に情報を大量に投げているのに、結局はうまく相手に伝わらないのです。

では、床に置かれた空き瓶に効率的に水を注ぐには、どうしたらよいのでしょう。たとえば、ヤカンなどで空き瓶の口より細い水流で静かに注いだほうが、結局は瓶の中に効率的に水を注げます。相手に伝えたいことが大量にある場合でも、はやる気持ちを抑えながら、要点だけに絞って丁寧に静かに話したほうが、結局はよく伝わるのです。これを私は「ビール瓶の原理」と呼んでいます。

会議の発言、商談の席、プレゼン、上司への報告、部下への指示……、どんなシーンであっても、あなたが説明者の立場に立つときは、ビール瓶の原理を思い出してください。空き瓶にバケツで水をかけるような非効率なことはしていないか、自分を戒めましょう。

脳をビール瓶になぞらえる比喩など、幼稚といえば幼稚です。しかし、比喩は単純で幼稚だからこそ印象深くなるとも言えます。蛇足ですが、このビール瓶の比喩は最初、自著で紹介しました。この比喩のせいではないでしょうが、おかげさまでその自著はベストセラーになりました。

ここでは、私が「ビール瓶の原理」のたとえ話を着想する過程を四つのステップで紹介しました。しかしもちろん、このたとえ話を作った当時の私にそんな意識はなく、なんとなく瞬時に思いついただけでした。それでも、自分には「瞬間」に思えた脳の作業過程をあえて、スローモーションのように解析すれば、ステップ①からステップ④のようになります。

作戦⑦ たとえ話で説明せよ！

- 伝えたい主張をターゲットとせよ！
- ターゲットから上位分類を想起し、キーワードをリストアップせよ！
- それらのキーワードをなるべく多く含むベースを決めよ！
- そのベースに足りないキーワードは、創作でつけ加えよ！

作戦⑧ 例示、例証せよ！

ここでの作戦の名称は、一見似ている二つの言葉「例示」と「例証」で表現しました。よく似ているので混同されやすい二つですが、まず、厳密な意味を考えておきましょう。

「例示」と「例証」の共通点は、直前に説明した主張、あるいは、これから説明する主張に沿う具体例を提示することです。

異なる点は、それぞれの目的です。

前者の「例示」の目的は、「意味の説明」です。直前の説明内容を相手が十分理解できていない場合に行うのが例示なのです。

それに対し、後者の「例証」の目的は、「主張が正しいことの証明」です。「証」の文字が含まれていることからも分かると思います。こちらの説明内容を相手が理解していても、その真偽に疑念を感じている場合も多いわけです。そんな疑念を払拭する目的で行われるのが例証です。

厳密に分類すれば、「主張が正しいことを証明する」ことを目的とする「例証」は、論理構造を扱う第5章「論理的に説明せよ！」で扱うべきテーマです。しかし、「例示」と「例証」は、目的が異なるだけで「具体例を示す」という行為は共通なので、ここで一緒に解説することとします。

◆「例示」の例示

「例示」の具体例を紹介しましょう。「例示の例示」というわけです。

「作戦7　たとえ話で説明せよ！」で、たとえ話を作成するステップ①から④までの手順を紹介しました。その際、原則だけをいきなり解説されても、すぐにはピンと来なかったはずです。言い換えれば、意味をまだぼんやりとしか飲み込めていない状態です。

そこで、その四つのステップを紹介した後、私の実体験で実際にたとえ話を作ったプロセスを紹介しました。このような例示を行うことで、意味が少しずつ分かり、納得できるようになったはずです。説得のシーンでは重要なことです。

世の中の諸現象を最終的に煮詰めて得られた原理や結論だけをいきなり説明されても、人はその意味さえ飲み込めないのが普通です。説明する側は、自分が説明する結論を十分研究、理解しています。そのせいで、それをいきなり伝えられた相手にとってはチンプンカンプンであることを逆に認識できません。

世間ではあまり馴染みのない主張、原理、結論などを説明するときは、その直後に例示することは極めて効果的です。例示の手間を省くと、相手の理解はそこで中断してしまいます。その後、あなたはそのことに気づかず、説明をそのまま継続、暴走させてしまうことにもなりかねません。

「結論」とは、文字通り「結びの論」であり、その結論を説明の最後に提示した場合、相手は違和感なく理解してくれます。しかし、「作戦5　設計図を最初に渡せ！」でも解説したように、結論に相当する「最終主張」を冒頭で相手に伝えることも重要です。とはいえ、結論を冒頭で説明することには副作用もつきまといます。それが「唐突感」です。その唐突感をただちに和らげてくれるのが「例示」なのです。

相手にあまり馴染みのない原理を説明した後は、その原理に合致する事例を示してあげる必要があるのです。

◆「例証」の例示

次に、「例証」の具体例を紹介します。繰り返しになりますが、例証の目的は「意味の説明」ではなく、「主張の正しさを証明すること」です。「証明」という言葉を使っていますが、もちろん、数学的な意味での「完全な証明」を意味しているわけではありません。「相手の心証を高める」程度のことも含めています。例証とは、そもそも自分の主張の正しさを印象づける「証拠」を示すようなことです。

犯罪の証拠は二つに分けることができます。「状況証拠」と「直接証拠」です。「彼は被害者を恨んでいた」というのが状況証拠です。このような状況証拠には、「彼が殺人犯である」ことを推測させる力しかありません。一方、「DNA鑑定により、被害者の血液が彼の爪先から検出された」というのが直接証拠です。このような直接証拠には、「彼が殺人犯である」ことをほぼ確定させる力があります。

しかし、日々の説得シーンでの例証は犯罪捜査ではないので、提示するものは直接証拠ではなく、状況証拠で十分です。本書で私が繰り返し述べているように、「説得とは証明することではなく、心証を高めること」だからです。

私は第1章で「人間の思考法には論理的思考だけではなく、直観という手法もある」と主張しました。しかし、読者の皆さんがこの主張を聞かされて意味はすぐに飲み込めたとしても、それだけではおそらく納得しなかったでしょう。

そこで私は、有名なピーター・ウェイソンの英数字カードとレストランの注文カードの例を紹介しました。前者は人間が論理的思考でアプローチしがちな問題、後者は直観でアプローチしがちな問題でした。私の主張の例証として、この対比を読者の皆さんに提示したのです。「人間には論理的思考だけではなく、直観もあります」という私の主張に納得してもらうためです。

カード問題を使った私の例証も、直接証拠というよりは状況証拠レベルかとは思います。しかしながら、それなりの説得力を生み出していたのではないでしょうか。

作戦⑧　例示、例証せよ！

- 一般に馴染みのない主張をしたときは、直後に例示せよ！
- 相手が納得していないようなら、例証でさらに心証を高めよ！

第5章

論理的に説明せよ！

「論理的に説明せよ」とは、要するに「正しいピラミッドを作りましょう」ということです。

94ページで述べたように、説得相手が「説得力あるな〜」と感じるのは、「分かりやすいな〜」と感じるときです。そして、この「分かりやすいな〜」という感覚は、次の二つの印象の混合なのでした。一つが「意味が分かりやすいな〜」であり、もう一つが「論理が分かりやすいな〜」です。

「意味が分かりやすいな〜」という印象を相手に与えるための手法は、第4章「分かりやすく説明せよ！」で解説しました。この第5章では、もう一つの「論理が分かりやすいな〜」という印象を相手に与えるための手法を紹介します。

「論理が分かりやすいな〜」とは、言い換えれば「その根拠で、たしかに、その主張だと言えるよな〜」という感覚です。あるいは、「その根拠なら、その主張に同意できるな〜」という感覚です。

相手に「同意できる」と感じさせれば、「説得完了！」とも言えます。ですから、説得相手に「論理が分かりやすいな〜」と感じさせることは、極めて重要なポイントです。

◆「ドミノ倒し」を完成させること

論理的な説明とは、正しいピラミッド構造で説明することでした。これは、視点を変えれば、

「ドミノ倒し」を完成させるようなものです。

たとえば、「筋トレをすると熟睡できるようになる」という主張があったとしましょう。この主張は、一番最初に置かれた「筋トレをする」というドミノを指で倒すと、最後には「熟睡できる」というドミノが倒れますよ、という主張とも言えます。最後に置かれたドミノが倒れたならば、主張全体が正しいことになるわけです。

逆に、最初の「筋トレをする」というドミノを倒しても、最後の「熟睡できる」というドミノが倒れなければ、「筋トレをすると熟睡できるようになる」という主張は誤りだった、という結果になってしまいます。

ドミノ倒しとは、通常、始点と終点の二枚のドミノだけで構成されるわけではありません。始点のドミノから終点のドミノまでの間には、途中、多数のドミノがびっしりと連なって並べられます。一枚のドミノが倒れたら、確実に次のドミノを倒すように並べなければ、ドミノ倒しは失敗に終わります。この「一枚のドミノが倒れたら、確実に次のドミノを倒すように並べる」ことこそが、正しい論理展開で説明することなのです。

◆説得力に欠けるドミノ倒し

ここで、始点である「筋トレをする」というドミノと、終点である「熟睡できる」というドミノの二枚だけしか見せられない状況をイメージしてみてください。つまり、途中に配置されている他のすべてのドミノが幕か何かで隠されているとします。

このとき、あなたは、「筋トレをする」というドミノを倒すと、確実に終点の「熟睡できる」というドミノが倒れることを確信できるでしょうか？　できないはずです。この始点と終点のドミノだけを見せられる状況がまさに、「筋トレをすると熟睡できます」という主張だけを聞かされる状況であり、まったく説得力に欠けるからです。

したがって、論理的説明で主張に説得力を持たせるには、途中のドミノをすべて見せてあげる必要があります。しかも、それら中間のドミノのすべてが途切れずに（論理が途中で飛躍することなく）配置されていることを見せなければなりません。

飛躍なくドミノを並べることに失敗しているのが「風が吹けば桶屋が儲かる」というドミノ倒しです。途中にある「盲人が増える」というドミノと次の「三味線が売れる」「猫が減る」「ネズミが増える」というそれぞれのドミノとの間の距離が飛躍していて、ドミノ倒しが途切れることは誰にでも分かります。つまり、終点のドミノである「桶屋が儲かる」まで倒れるとは思えず、説得力に欠けるわけです。

一方、「筋トレをする」の次には、「基礎代謝が上がる」のドミノがあり、次には「非運動時の平熱が上がる」のドミノがあります。その次には「就寝時と起床時の体温差が大きくなる」のドミノがあり、その次には体温差測定の実験結果に裏づけられた「熟睡できる」の終点ドミノがあるのです。平熱の低い人は、就寝時と起床時の体温差が足りず、熟睡できないのです。筋肉量が不足しがちな高齢者が低体温になり、その結果、熟睡感がなくなるのは、こうした背景があるからです。

◆ドミノ倒しとは根拠の連鎖

一枚のドミノは、それ自身が倒されるまでは「小さな主張」です。しかし、倒された瞬間、次のドミノ（主張）を倒すための「根拠」に早変わりします。「倒れたドミノ」とは「正しいことが証明された小さな主張」だからです。

ここまでは、ドミノ倒しを「一本の線」として解説してきました。しかし、実際の説得シーンでのドミノ倒しは、もう少し複雑です。終点のドミノは、ピラミッド構造の頂上に位置する「最終主張」という一枚のドミノです。しかし、始点のドミノはピラミッド構造の最下層の主張なので、一枚以上になることが普通です。

つまり、複数の線からなるドミノ倒しが最後に一枚のドミノにつながっていくような構造です。合流点には、たとえば三本の線のそれぞれの終点としての三枚のドミノが次の一枚のドミノを倒す、というつなぎ目があるはずです。この合流点は、ピラミッド構造で言えば、三つの根拠

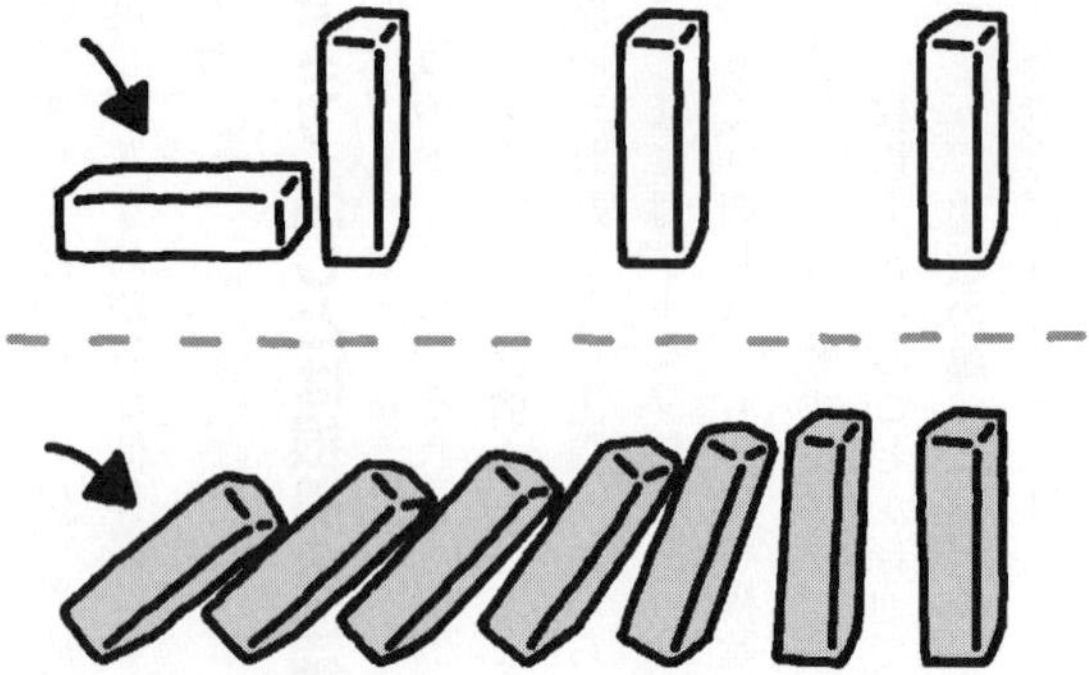
論理の飛躍（説明の手抜き）のため次のドミノまで届かない（説得挫折）
丁寧で緻密な論理説明が次のドミノを倒す（説得成功）

が一つの小さな主張を支える部分に該当します。

ピラミッド構造の最下層が複数個の根拠で始まるように、ドミノ連鎖の出発点も複数個の「根拠ドミノ」で始まります。そして、ピラミッド構造の最上端が一個の主張で終わるように、ドミノ連鎖も一個の「主張ドミノ」で終わります。つまり、ドミノ連鎖の全体像は、無数の小さな小川が次々に合流し、最後に一本の大河につながるようなイメージです。

結局、論理的に説明するとは、途中に飛躍なく並べられたドミノの全体像を洩れなく相手に見せてあげることなのです。

ドミノの全体像とは、無数の小川の始点に位置する無数の「根拠ドミノ」から、最後の大河の終点に位置する一個の「主張ドミノ」に至るまでの、すべてのドミノを指します。そのドミノの全体像を見せる際、途中のどの地点でも、次のドミノが倒れることを相手に

図E　人は公理に照らし合わせて主張している

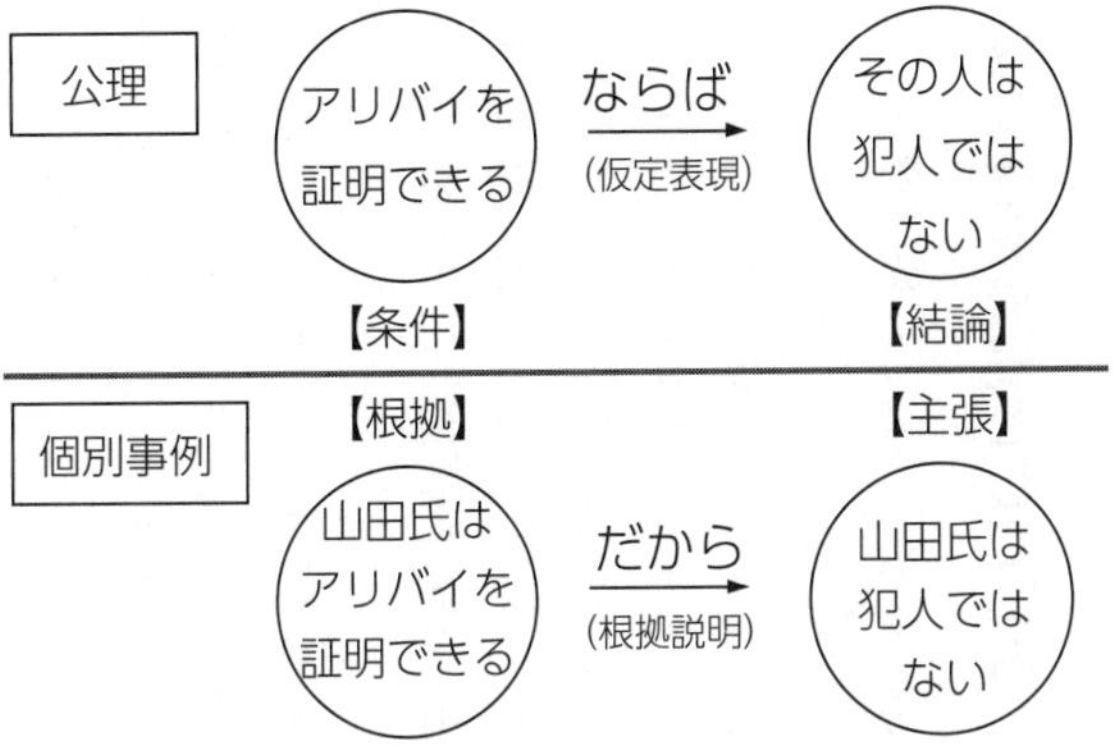

確信させられないような「論理の飛躍」があってはならないのです。そのような論理の飛躍こそが、説得作業の挫折地点になるからです。

◆「根拠」とは何か

論理的説明を構成するドミノとは、「小さな主張」であり、同時に「根拠」でした。では、その「根拠」とは、そもそも何なのでしょうか？

私たちはふだん、「そもそも、根拠って何？」とまでは考えません。あまりに日常的な言葉で分かっているような気になっているからです。

しかし、これから論理的な説明のテクニックを具体的に検討する前に、「根拠」というものの実体を少しだけ掘り下げておきましょう。そうすることで、テクニックに対する理解がより深まり、テクニックの実践力をそれだけ強化できるからです。ちょっと遠回りに感じるかもしれませんが、おつきあいください。

さて、第1章の図Eをここに再度、掲載しますので、もう一度ご参照ください。図Eの上半分で示されている公理では、公理を二つの部分に分解していました。「条件部」と「結論部」でした。条件部が「(その人が) アリバイを証明できる人なら」であり、結論部は「犯人ではない」です。このように公理は、「条件つき結論」という形式を取ります。論理学で言う「命題」という形式です。

ところで、ある事件の被疑者である山田氏のことが話題になっているとしましょう。図Eの下半分がこの個別事例を描いています。あなたは山田氏の無罪を完全に信じているとしましょう。あなたがそう信じる根拠は、彼にアリバイがあるからです。図Eの下半分には、あなたの「根拠部」と、そこから導かれる「主張部」が描かれています。根拠部は「山田氏はアリバイを証明できる」であり、主張部は「山田氏は犯人ではない」です。

このとき、あなたが質問をされたとします。「山田氏が犯人ではないという根拠は?」と。この質問は、あなたがそう考えている「理由」を尋ねているわけです。

◆根拠は公理を前提としている

当然、あなたは次のように答えるでしょう。「山田氏にはアリバイ(現場不在証明)があるからです」と。では、そう答えるあなたに、私から奇妙な質問をさせてください。それは、「なぜ、その根拠から、山田氏が犯人ではないと言えるのですか？」という質問です。

通常、このようなバカげた質問をされることはありません。しかし、もし、こんな質問をされたら、あなたは多少憤慨しながら「そんなの常識だろう！」と答えるでしょう。世間では、公理を疑う人はバカ者扱いされるので当然です。じつは、この「常識だろう！」という発言こそ、「そんなの公理に決まっているだろう！」という意味なのです。

つまり、バカな質問である「なぜ、山田氏がアリバイを証明できると、山田氏が犯人ではないと言えるのですか？」に対し、真面目に回答するなら、「公理に合っているからです」となります。私たちは大なり小なり、常時、公理を参照、引用しながら自分の主張を展開しているのです。

◆公理とは根拠と主張を結ぶ原理

通常、ある主張の根拠を示せば、その主張は受け入れられます。

「こんなにお天気がいいのに、どうして傘を持って行ったほうがいいの？」と主張の根拠を求められたとしましょう。「だって、さっき天気予報で、午後からの降水確率が八〇パーセントだって言ってたよ」と根拠説明をすれば、通常、それ以上の理由を求められません。主張はあっさりと受け入れられます。

このように、普通は「主張」の理由として「根拠」を提示すれば、相手は納得します。ところが、繰り返しになりますが、「なぜ、山田氏がアリバイを証明できると、山田氏が犯人ではないと言えるのですか?」のように問うこともできます。つまり、「その根拠で、なぜ、その主張が言えるのですか?」と問うことも可能です。この問いの回答が公理なのです。

つまり、「公理とは、根拠と主張を結ぶ原理」なのです。公理は万人の頭の中に共有されているので、通常は公理が持ち出されることはなく、説明から省略されます。私たちの日常では、わざわざ大前提である公理を持ち出さずとも、根拠説明だけで主張に納得してもらうのが普通なのです。

「根拠と主張を結ぶ原理」のことは「論拠」と呼ばれることもあります。ただし、「論拠」と「根拠」は語感が似ていて混同されやすいので、本書では「根拠と主張を結ぶ原理」のことは「公理」と呼ぶこととします。

◆公理、根拠、主張の結びつき

「山田氏が犯人ではないと主張される根拠は?」との質問は、主張の「理由」を尋ねていると先ほど述べました。そして、その理由を論理学風に厳密に説明すると次のようになります。

「理由は、山田氏の個別事例で公理を引用できるからです。公理の条件部（アリバイ証明）が山田氏の個別事例でも成立しています。それが私の『根拠』部分に該当します。したがって、公理の結論部（犯人ではない）も山田氏の個別事例で自動的に成立することになります。それが私の『主張』部分に該当します。ですから、あなたは私の主張に反論できません。公理を否定することができないからです」

「この紋所《もんどころ》が目に入らぬか‼」と印籠《いんろう》を示しながら、徳川将軍家の家紋で権威をちらつかせる時代劇がありました。じつは、あなたも説明するシーンで、「これが目に入らぬか‼」と根拠を見せつけながら、背景にある公理の権威をちらつかせていたのです。公理には万人が逆らえないからです。

自分の主張に強力な説得力を持たせたければ、自分の主張の出発点を公理に立脚させればよいことになります。つまりは、月並みな表現ですが、論理的な主張は、強力な説得力のための正攻法なのです。以降、論理的に主張するという観点から、いかにして強固なピラミッド構造を作るかを検討していきます。

作戦⑨ 主張の真偽を事前確認せよ！

ここで言う「主張の真偽」とは、あなたの「最終主張の真偽」のことです。「最終主張」とは、あなたが最終的に相手に同意してもらいたい主張を指します。図A（22ページ）のピラミッド構造の頂上に置かれている「最終主張」のことです。つまり、あなたが相手に同意してもらいたい主張が正しいのか、誤っているのか、自分自身で事前チェックしてください、という意味です。

自分の主張が正しいかどうかチェックするなど、あまりにも当然だと感じる読者も多いでしょう。しかしながら、当然すぎて盲点になりがちだからこそ、強く注意を喚起したいと思います。なぜなら、自分の主張の事前チェックとは、説得力強化の作業の中で最も重要、かつ、一番最初に処理すべき事項です。それにもかかわらず、まったく忘れて素通りしている人が多いからです。そうした人に共通するのが、「説得力とは説明手法の中にある」という誤った認識です。

◆説得力は正しい主張にしか宿らない

たとえば、「食事のとき、よく噛むと満腹感を得やすい」という真実の主張があります。このような真実の主張でも、下手な説明を行えば、「説得力がない」と判断され、信じてもらえないでしょう。しかし、上手い説明を行えば、「説得力がある」という印象を与えられるはずです。

一方、「食事のとき、よく噛むと宝くじに当たりやすい」などという虚偽の主張は、説明がいくら上手くても、そもそも説得力を持ちようがありません。つまり、

説得力のある説明を行えるのは「正しい主張」に対してのみ

ということです。

主張が真実の場合、頑張って努力すれば、その真実で人を説得できるでしょう。一方、「誤っている主張」や「虚偽の主張」に対して、説得力のある説明をすることは土台、無理なのです。

たとえるなら、説得とは、原石の中で宝石を覆っている不純物を削り落とし、潜んでいる宝石を浮かび上がらせるような作業です。このとき、「誤っている主張」とは、宝石の原石だと思っていた岩石の中に実際は宝石が含まれていないようなものです。そんなただの岩石を研磨すればするほど、だんだんと中は空だということが露わになってきます。一時的には人を騙せても、話せば話すほど、矛盾のほころびが露呈してしまうのです。

逆に、「真実の主張」で説得を行う行為とは、本物の宝石（真実の主張）が中に潜んでいる原石を研磨するのと同じです。説得者が行うのは、その宝石を覆っている邪魔な不純物を削り落とすことだけです。削れば削るほど、中に潜んでいた「真実の主張」が徐々に姿を見せてくれるのです。

ただし、「真実の主張」で説得する場合にも、説得者にはプロの研磨技術（説明術）が必要です。研磨が下手では、宝石をうまく見せることができないからです。しかし逆に、どんなにプロの研磨技術がある人でも、宝石が含まれていないただの岩石を削って、宝石（真実の主張）を見せることはできないのです。

つまり、人を説得したい場合、あなたの一番最初の仕事は説明術の工夫ではありません。自分の主張が真実であるか事前点検すること、もしくは真実の主張を作り上げることなのです。自分の主張を精査し、誤りがある箇所を発見、訂正し、トータルで「真実の主張」を作り上げることなのです。これが、説得力のある説明を準備するための最初の仕事になります。説明術うんぬんは、正しい主張を準備した次の段階のテーマなのです。

◆上司からの指示も疑え

あなたは、上司に命じられた指示で、お客様向けのプレゼン・パッケージを作ることになりました。当然、新商品の長所をうまく表現する説得力あるプレゼンが求められます。

しかし、プレゼンのスライドを作りながら、あなたはところどころで、訴えたい新商品の長所、すなわち主張に疑問を感じたとします。その場合は、その主張の真偽を冷静に検討しましょう。「多少の誇張がある」という程度でも主張にウソがあるなら、その誇張を訂正しながら、その主張を正すべきです。社内では当然とされている主張でも、勇気をもって「この主張は、おかしくありませんか？」と上司に進言してみましょう。

新商品サプリメントの一つの売りとして「これを飲むだけで血液サラサラになる」という主張があったとします。そのサプリメントを摂取する直前と直後での血流量の数値変化まで、実験によって与えられていたとしましょう。そんな場合でも、あなたがその新商品サプリメントのチラシを作る仕事に取り掛かるなら、「これを飲むだけで血液サラサラになる」という主張の真偽を検討する必要があります。

そのサプリメントが錠剤ならば、「摂取するときに一緒に飲んでいる水が血液を一時的に薄め、摂取直後の血液サラサラ状態を生み出しているのではないのか？」と考えることができます。あるいは、そのサプリメントが液状のドリンク・タイプの商品なら、「商品に含まれる水分が血液サラサラ状態を生み出しているのではないか？」について検討してみるのです。

もちろん、すでに社内でテレビＣＭもチラシも完成している場合があるでしょう。そんな場合は、今さらその変更を提言することは、タイミング的に不可能かもしれません。しかし、たまたま、あなたがこれから広告文を考案するような立場にいるとしたら、主張の真偽について事前チェックすることを忘れてはいけません。主張が誤りであれば、そもそも説得力を高めるなどという作業を開始できる資格がないからです。本書は詐欺の指南書ではないので、虚偽の主張を真実に見せかける手法は、「説得力」とはみなしていません。

自分の主張に対する真偽チェックの労力は、結果的に主張が真実だったことが判明した場合でも無駄ではありません。真偽チェックの過程で得られた情報が、そのまま説得相手向けの根拠として活用できるからです。

たとえば、先ほどの「血液サラサラの効果は水分のせいではないか?」という疑いをあなたが持っていたとしましょう。しかし、実験の結果、そのサプリメントの血液サラサラ効果が真実だったとします。その場合、そのサプリメントを摂取せず、水だけを飲んだ場合の血流量の変化データも一緒に提示すれば、広告文の説得力がまさにそれだけ強化されるのです。

作戦⑨ 主張の真偽を事前確認せよ!

- 自分の最終主張がウソか真実かを事前チェックせよ!

- ●ウソだった場合、訂正して真実の主張に変えよ！
- ●主張に誇張がある場合も、誇張部分を訂正して真実の主張にせよ！
- ●上司からの指示でも、内容にウソがあれば「このままでは説得力がない」と上司に進言せよ！
- ●ウソは最終的には自分たちが損をすることを知れ！
- ●事前確認の結果、真実であることが分かった場合には、その確認過程で得られた情報も根拠として活用せよ！

作戦⑩ サンドイッチ構造で説明せよ！

第4章で「作戦5　設計図を最初に渡せ！」（102ページ）という理念を紹介しました。ここでは、その理念を補足する「サンドイッチ構造で説明せよ！」という作戦を紹介します。強固なピラミッド構造を作るためのテクニックです。

「設計図を最初に渡せ！」では、あなたの文章でも発言でも、あるひと固まりの冒頭に主張を述

図P　ピラミッド構造の一部

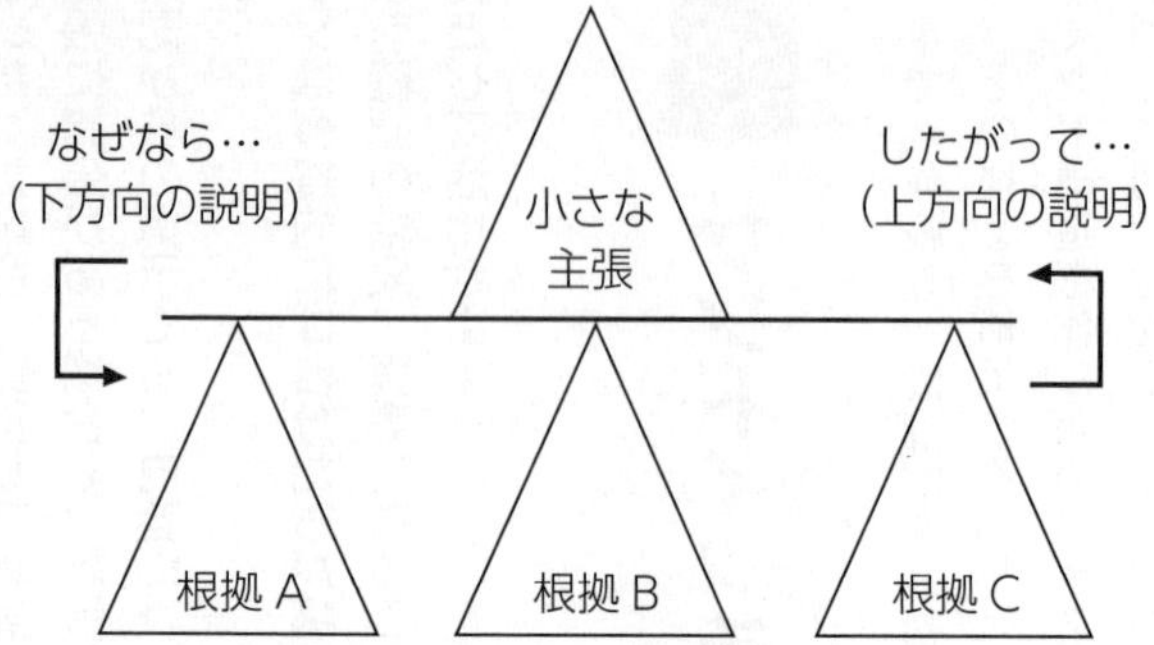

べよ、という考えでした。これから紹介する「サンドイッチ構造で説明せよ！」は、そのひと固まりの最後にも、冒頭で述べたものと同じ主張を述べよ、という作戦です。つまり、冒頭と最後に同じ主張を置き、その主張の詳細（根拠、背景、経緯、事例など）をサンドイッチ構造で挟むのです。

◆「小さなピラミッド」の単位で

第1章で紹介した図A（22ページ）のように、私たちの最終主張は、それを頂点とするピラミッド構造をしているのでした。そして、頂点の主張を支えるために、途中にいくつかの「小さな主張」があるのでした。

たくさんある「小さな主張」の一つを支える「小さなピラミッド」だけを図にしたのが図Pです。小さな主張を支えている三つの根拠A、根拠B、根拠Cも描かれています。この図Pで表現している「小さなピラミッド」

図Q　主張のサンドイッチ構造（伝え方のコツ）

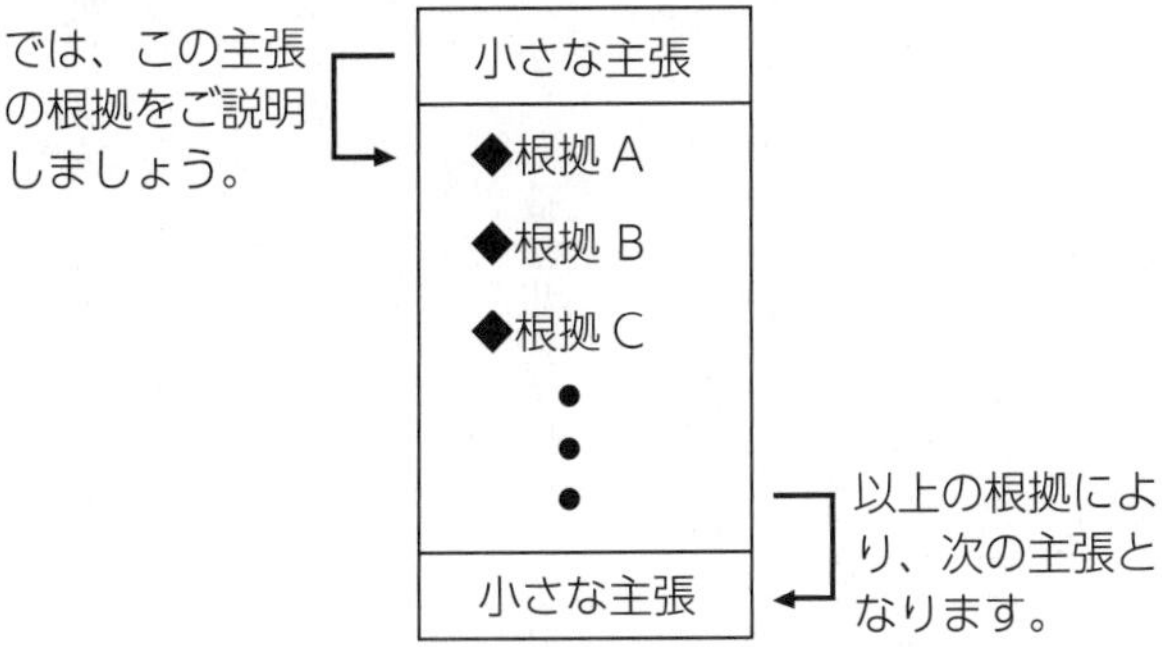
では、この主張の根拠をご説明しましょう。
小さな主張
◆根拠 A
◆根拠 B
◆根拠 C
以上の根拠により、次の主張となります。
小さな主張

が、あなたの文章や口頭説明での「ひと固まり」に対応しています。「ひと固まり」とは、文章の例で言えば、「段落」だったり、「節」だったり、「章」だったりと、小さなピラミッドのサイズによってさまざまです。

図Qは、このような「小さなピラミッド」を一つの単位と考えたときのサンドイッチ構造を示しています。理解しやすいように、図Qは文章の中の一つの「段落」を描いているとイメージしてください。繰り返しになりますが、図Qの冒頭と最後の両方に置かれている「小さな主張」とは、同じ主張です。

「作戦5　設計図を最初に渡せ！」で、設計図情報にあたる「彼は犯人ではありません」という主張を冒頭に置く例文を紹介しました（107ページ）。そうすることで、後続する「根拠」などの部品情報を理解しやすくする例文でした。その例文をさらにサンドイッチ構造にすると次の通りです。

①彼は犯人ではありません。
②なぜなら、彼はその時間、コンビニに出勤していました。
③そのコンビニは、その家から車で五〇分ほどの距離です。
④彼の靴のサイズは二五センチです。
⑤残されていた靴跡のサイズは二七センチです。
⑥彼には動機がありません。
⑦だから、彼は犯人ではありません。

この例が示すように①と⑦は同じ主張です。このように、根拠などの詳細情報を同じ主張で挟むことを私は「サンドイッチ構造」と呼んでいます。

図Pで描かれている「小さなピラミッド」が、図Qで描かれている「一個の論理ブロック」に対応しているわけです。「彼は犯人ではありません」という主張は、小さなピラミッドの頂上にあるだけです。ピラミッド構造の中で、この主張が二個配置されるわけではありません。サンドイッチ構造とは、説明手順として、小さなピラミッドの頂上に位置する主張を二度繰り返すことを意味します。冒頭と最後に繰り返すわけです。

ただし、図Pが示すような「小さなピラミッド」のひと固まりが、たとえば、文にして三、四行程度の少量だった場合には、サンドイッチ構造は不要です。つまり、主張は冒頭に述べるだけでよいのです。なぜなら、情報のひと固まりが十分に小さいときは、相手は冒頭で聞いたり、読んだりした主張を最後まで楽に覚えていられるからです。

逆に言えば、サンドイッチ構造にする一つの理由は、図Qの単位の情報のひと固まりが大きい場合、相手が最初に読み聞きした主張を最後まで覚えていられないからです。途中の細かい説明が進行している間に、相手が「そう言えば、この人、何を説明しているんだっけ？」と迷わないようにするのがサンドイッチ構造の趣旨なのです。

◆サンドイッチ構造にするもうひとつの理由

サンドイッチ構造にする理由は、最初に読み聞きした主張を説得相手が忘れやすいからだけではありません。同じ主張で挟まれた一個のサンドイッチを、一個の論理ブロックと考えるからです。

この論理ブロックは、子供のおもちゃのプラスチック製ブロックと同じイメージです。これらの論理ブロックを接続して、大きなピラミッド構造を作り上げていくわけです。論理ブロックの単位は一個の「小さなピラミッド（図P）」です。この論理ブロックは、同じく下の論理ブロッ

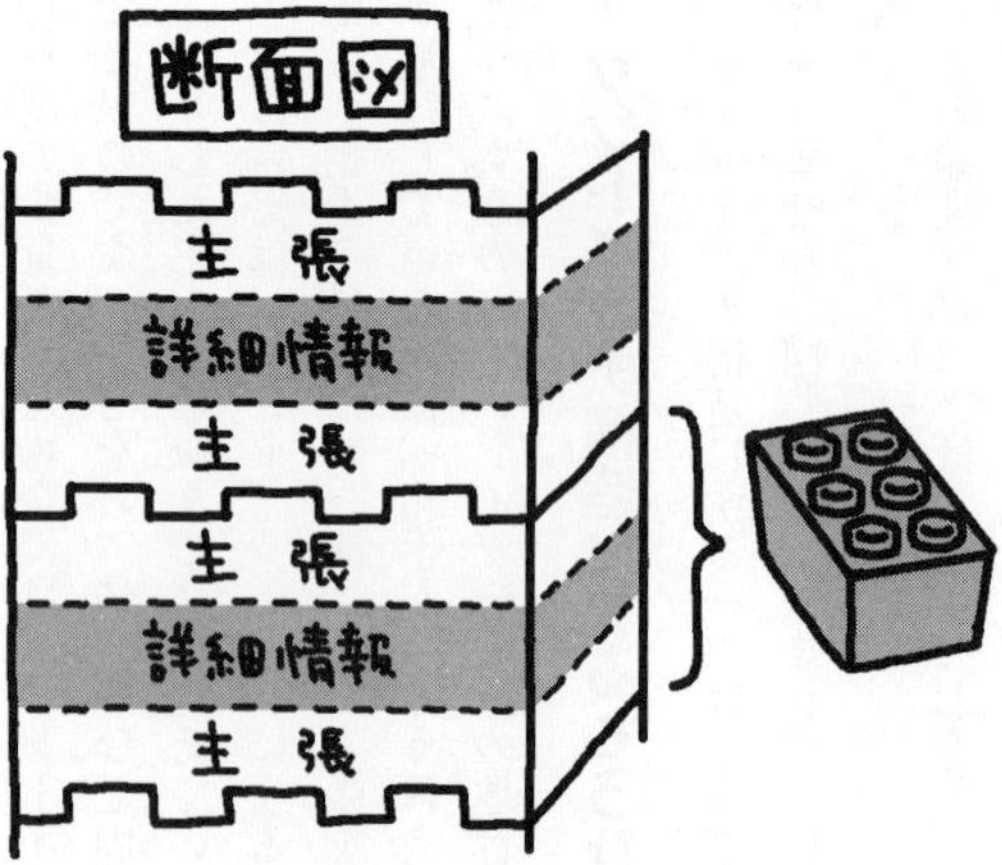

接続部分は主張どうしに

クや上の論理ブロックに接続されます。

おもちゃのブロックの上下に突起と穴がありま す。おもちゃのブロックは、その突起と穴で別のブロックに接続します。サンドイッチ構造（図Q）の上下にある主張が、おもちゃのブロックの突起と穴に該当します。つまり、一つの論理ブロックが、前後にある別の論理ブロックと接続される部分は、必ず「主張」であって、「詳細情報」ではありません。

たとえば、さきほどの論理ブロックの主張は「彼は犯人ではありません」でした。仮に次の論理ブロックの主張が「だから、即刻、彼を釈放するべきです」だったとしましょう。これらの二つの論理ブロックの接続が「主張」どうしであれば、「彼は犯人ではありません。だから、即刻、彼を釈放するべきです」となり、論理の流れがスムーズです。

しかし、最初の論理ブロックがサンドイッチ構造になっておらず、「残されていた靴跡のサイズは二七センチです」で終わっていたとしましょう。すると二つの論理ブロックの接続部分は、「残されていた靴跡のサイズは二七センチです。だから、即刻、彼を釈放するべきです」となり、論理の流れがチグハグになってしまいます。その理由は「主張と主張」の接続になっておらず、「詳細情報と主張」の接続になっているからです。

まとめると、サンドイッチ構造のポイントは、論理ブロックの冒頭と最後に置かれた二つの同じ「主張」が、おもちゃのブロックの突起と穴の役割を果たすことです。つまり、前後の別の論理ブロックとの接続部分として、根拠ではなく、その論理ブロックの「主張」を置くのです。

冒頭での主張は、「なぜなら」等のつなぎ言葉で後続する根拠説明に降りていく「ピラミッド内での下方向の説明」に必要です。一方、根拠説明が終わった後、「したがって」等のつなぎ言葉で、それらの根拠から言える主張をもう一度、念押しします。これが「ピラミッド内での上方向の説明」になるわけです。

つまり、サンドイッチ構造によって、小さなピラミッドの論理構造を下方向と上方向との双方向からガッチリと説明することができ、強靱なピラミッドが組み立てられます。それによって、あなたの説得相手は、あなたが主張する論理の流れを追いやすくなるのです。

作戦⑩ サンドイッチ構造で説明せよ！

- 説明のひと固まりが大きい場合は最後にも主張を繰り返せ！
- 冒頭の主張からは「なぜなら」などのつなぎ言葉で論理展開せよ！
- 「したがって」などのつなぎ言葉で最後の主張にまとめよ！
- ピラミッドの下方向と上方向の双方向から頑強に説明せよ！

作戦⑪ 常識のギャップに注意せよ！

◆根拠の不備を自覚せよ！

ひとりよがりな説明というものがあります。本人は、ちゃんと妥当な根拠で適切に説明しているつもりなのに、説得相手がまったく納得していない状態を指します。もし、本当に正しい根拠

図R　根拠不備の3つのタイプ

◆A型：根拠を与えない

◆B型：根拠が不実

◆C型：根拠能力のない根拠

で説明していれば、相手が同意してくれて、説得は成功するはずです。

説得力のないひとりよがりな説明になっている場合、その原因は確定しています。それは必ず「根拠の不備」なのです。

根拠の不備とは、説得者自身は根拠説明しているつもりなのに、結果として「正しい根拠」になっていないケースです。根拠を準備し忘れることや、準備はしていたのに、根拠を提示し忘れるケースもあります。それらも根拠の不備に含めると、根拠の不備は図Rのように三つの種類に分類されます。

根拠の不備に関しては、そのタイプごとに対策が異なります。A型に関しては、ここでの「作戦11　常識のギャップに注意せよ！」で解説します。B型は、「作戦12　根拠の裏づけを取れ！」で、C型は「作戦13　根拠能力を確認せよ！」でそれぞれ解説します。

◆A型の根拠不備

根拠の不備のA型は、「根拠を与えない」というタイプです。このタイプの根拠不備は、説得相手が疑問に感じていることに対して根拠説明を忘れたり、省いたりするケースです。三つある根拠不備の中でも、最も重症なタイプと言えます。正しい根拠を事前準備しているにもかかわらず、説得相手の心理を読み違えて根拠説明を省いているケースなども該当します。

「よく噛んで食べるとダイエット効果があるよ」という主張の意味は分かると思います。意味不明ということはないでしょう。しかし、この主張だけを伝えられても、この主張を信じるかどうか、同意するかどうかは別問題です。したがって、根拠が必要になります。

そこで、「脳内のヒスタミンという物質は食欲を抑える働きがあります。噛む動作によって脳内にヒスタミンが増産されることが分かっています。ですから、流し込むように食べるのではなく、よく噛みながら食べると、人は早めに満腹感を感じます。その結果、よく噛んで食べると、食べる量が無理なく減ります」という根拠を与えられたらどうでしょう。

テレビの健康番組では次のような実験を紹介していました。

「メンバーの体格がほとんど同じ一〇名ずつのグループAとBを対象に実験を行いました。内容は、好きな量だけそうめんを食べてもらうというものです。何杯お代わりしても途中で不足しないよう、十分な量のそうめんが用意されました。それぞれが自分で満腹感を感じたところで食事を終了する、というルールです。実験参加者には、『よく噛む』とか『噛まない』といったことに関する話は一切伏せてあります。ところが、結果を見ると、Aグループの食べた量の平均値は、Bグループの平均値より三割程度少なかったのです。じつはAグループのメンバーだけ全員、食事直前の一〇分間にチューインガムを噛んでもらっていたのでした。このように、噛むという動作が脳内ヒスタミン量を増やし、食欲を抑えることが分かっています」

このような実験結果を示されると、さきほどの「よく噛んで食べるとダイエット効果がある」という主張を、少しは信じられるような気がするのではないでしょうか。このように、提示される根拠説明が分かりやすいと、主張に同意するまでの時間が短くなります。つまり、「説得力があるな～」とは、「短時間で同意させられちゃったな～」という意味なのです。

説得相手にこの印象を持ってもらうには、根拠説明にも第4章で紹介した「分かりやすい説明」のテクニックが必要となります。せっかく万全な根拠が用意されていても、その説明が下手で時間がかかるようでは、相手はなかなか納得してくれないからです。

しかし、逆に、主張自体が正しくても、用意してある根拠自体が誤っていれば、いくら「分かりやすい説明」のテクニックを駆使しても、その主張に同意してもらうことはできません。

◆常識のギャップに注意せよ！

繰り返しになりますが、主張のピラミッド構造はどこまでも無限に下方に伸びていくわけではありません。小さな主張が万人が無条件に認める「公理」の場合は、さらなる根拠は不要です。「水素は酸化すると水になります」や「江戸時代が終わって明治時代になりました」などがこれに該当します。

しかし、問題は、ある小さな主張が公理かどうかは、人の主観で変わってくる点です。「日本は昔、アメリカと戦争して負けました」という主張は、大人には「自明の事実」でしょう。大人なら「それは本当ですか？」と尋ねるはずがありません。したがって「日本が米国との戦争で負けた」という主張に根拠を準備する必要性をそもそも感じません。

ところが、学校で歴史を学んでいるにもかかわらず、若い世代では、この主張が常識とは限らないようです。このケースならば、説得相手が若い世代の場合には、「日本が米国との戦争で負けた」ことを裏づける資料などの根拠が必要となるでしょう。

このように、**説明者と説明相手との常識にギャップがある場合、準備しなければならない根拠の範囲によくミスが起こります。**ミスとは、もちろん、説得シーンで必要な根拠を提示しないことです。

根拠を提示しない状況には二種類あります。一つは、そもそも根拠不要と考えて意図的に根拠を準備していないケース。もう一つは、根拠は説明者の頭の中に入ってはいるけれど、説得シーンで根拠説明を誤って省略してしまうケースです。

◆専門家は注意せよ！

説明者と説明相手との間で「常識のギャップがある」例として、大人と子供のケースを紹介しました。この「常識のギャップがある」ケースでもっと一般的なのは、ある分野での「専門家」と「素人」です。

専門家が素人相手に説明するとき、必ず同じパターンのミスが発生します。**「専門家だけにとっての常識」を「万人の常識」と勘違いする**からです。その結果、本来は必要な根拠説明を誤って省いてしまいます。「一を聞いて十を知る」専門家は、「一を説明して十を説明したつもり」になってしまうからです。

医師はよく、「症状が軽減しても途中で抗生物質の服用を止めないでください。必ず処方された日数分だけ最後まで飲み切ってください」と患者に注意します。医師のこの指示には、「抗生物質の服用を途中で中止すると、残存細菌が勢力挽回し、さらに耐性菌として世間に拡散していく危険があるから」という根拠があります。医師にとっては常識と言える根拠です。

しかし、これは医師という少数集団の間だけでの常識であって、一般人の患者の常識とまでは言えません。それにもかかわらず、医師という狭い世界の常識を万人の常識と勘違いしてしまう医師は、患者に根拠説明まではしないこともあります。患者一人当たりの診察時間が短いので時間的余裕がないという事情もあるのでしょう。

いずれにしても医師の指示は、根拠説明がなければそのぶんだけ確実に説得力が落ちます。その結果、患者の中にはこの指示を無視してしまう人が出てくるわけです。ほんの数十秒の根拠説明を省いたばかりに説得力が落ち、医療の質が低下してしまうことは、じつに惜しいことです。

◆お人好しも注意せよ！

説明者と説明相手との間で「常識のギャップがある」例として、「大人と子供」「専門家と素人」のケースを紹介しました。このような例は他にもまだあります。それは、「お人好し」と「猜疑心旺盛な人」です。

お人好しは、物事を概して鵜呑みにするタイプです。小さな主張に根拠が必要かどうかの線引きに関して、どうしても甘くなる傾向があります。したがって、お人好しのほうが説得者になり、猜疑心旺盛な人が説得相手になる場合、どうしても根拠不足の失敗になりがちです。

たとえば、お人好しの説明の中に「あの本はベストセラーだから、面白いはず」という小さな主張が含まれていたとします。そのお人好しは、この主張が当然の常識であると感じるため、根拠までは準備しないでしょう。本人自身が根拠を考えたことさえないというのが実情かもしれません。

しかし、猜疑心旺盛な説得相手は、「それは本当ですか？」と感じるはずです。「ベストセラーとは、購入者数が多いということであって、必ずしも内容が面白いということではない」と考えるからです。猜疑心旺盛な人は、「『内容がいいからベストセラーになる』とは言えても、その逆の『ベストセラーだから内容がいい』とは必ずしも言えない」という可能性も見逃しません。つまり、次のように考えるからです。

「本が売れる理由は、内容がいいからだけではありません。他にも、タイトルが魅力的だから、著者が有名人だから、出版社が好きだから、などいろいろあります。『面白そうだから』で売れているだけの場合もあります。したがって、ベストセラーであるということは、内容が面白くて人気があることの根拠にはなりませんよ。大勢の人がその本を買って読んでみて、大勢の人が失望しているベストセラーという可能性もあります」

「ベストセラー本は内容がよくて売れている」という考えは、お人好しには常識でも、猜疑心旺盛な人にはまったく常識ではないわけです。

作戦⑪ 常識のギャップに注意せよ！

- 専門家である自分の常識を世間一般の常識と勘違いするな！
- 自分の常識だからという理由で根拠説明を安易に省略するな！
- 素人相手への説明では根拠説明を安易に省略するな！
- 自分が鵜呑みにしている主張を他人に受け売りするな！
- 相手が猜疑心旺盛な人物だと想定して根拠説明を準備せよ！

作戦⑫ 根拠の裏づけを取れ！

◆B型の根拠不備

図R（179ページ）で紹介した根拠の不備のB型は、「根拠が不実」というケースです。「不実」という言葉はあまり一般的ではないので説明しましょう。「不実」とは、「事実ではない」とか「誤り」という意味です。

意図的に「事実でない根拠」を提示することを意味したい場合は、「根拠が虚偽」と表現していたでしょう。「虚偽」なら悪意のウソです。しかし、私が「根拠が不実」という表現で意味したいことは、根拠を提示している本人自身が、その根拠が事実ではないことを自覚していない場合も含む、ということです。

「作戦9　主張の真偽を事前確認せよ！」は、最終主張に関して、その真偽を事前チェックしてください、という内容でした。ここでの「根拠の裏づけを取れ！」もそれと似ていますが、真偽チェックの対象が異なります。自分では「根拠」として相手に提示しているものが事実ではなかった、ということがないように注意してくださいという意味です。

根拠にはまったく触れずに「当社のダイバーズウォッチ（潜水者用腕時計）の水圧耐性は世界最強です！」とだけ主張するのは、A型の根拠不備です。事情はどうであれ、根拠を提示していないので説得力不足の症状は重症です。

これがB型だと、たとえば次のような主張になります。「他社製品と比較テストを行った結果、当社のダイバーズウォッチの水圧耐性は世界最強です！」。B型の根拠不備では、根拠を与えてはいるので、A型よりはマシかもしれません。根拠は「他社製品と比較テストを行った結果」の部分です。

まったく比較テストを行ってもいないのに、こんな発言をすれば、明確な虚偽であり、そんな主張をする企業は即座に悪徳企業のレッテルを貼られてしまいます。しかし、厳密に「世界最強です」と言い切るには、全てのメーカーの全てのダイバーズウォッチとの比較テストを行わなければなりません。

仮に、「比較テスト」の実態が、有名他社の代表的製品という範囲の限定的テストに過ぎなかったとしましょう。しかも、その企業には悪意で虚偽を言っているという認識もなかったとしましょう。しかし、そのような場合でも、その比較テストは、「世界最強である」ことに対する根拠としては不実ということになります。なぜなら、説得相手である消費者から「比較テストを行ったというのは本当ですか？　世界の全製品と比較したのですか？」と問われた瞬間に根拠が崩れてしまうからです。

根拠の不備は、タイプがどうであれ、最終的には突き崩され、説得失敗に終わる運命です。根拠の不備とは、すなわちピラミッド構造が脆弱ということだからです。レンガを積んで頑丈なピラミッド構造を作っているつもりだったのに、ところどころでレンガが抜けていた、というような危機です。

こんな事態を避けるために、自分が事実と信じて用意している根拠のすべてが本当に事実なのかどうか、裏づけを取っておきましょう。ピラミッド構造の中で、誤ってレンガが抜けている部分がないかチェックしましょう。

作戦⑫ 根拠の裏づけを取れ！

- 事実でない根拠は排除せよ！
- 事実かどうか自信がない根拠は必ず裏づけを取れ！
- 自分自身が信じている根拠も裏づけを取れ！

作戦⑬ 根拠能力を確認せよ！

◆C型の根拠不備

図Rで紹介した根拠の不備のC型は、「根拠能力のない根拠」というケースです。

さきほど紹介したB型の根拠の不備は、提示している根拠が不実である、というものでした。

しかし、これから解説するC型は、「提供する根拠自体は真実である」というケースです。根拠が真実なのに、なぜ根拠不備なのでしょう。例を紹介します。

「我が社の無線機は米国空軍も使っているので、世界最高品質です」という主張があったとしましょう。細かく見れば、前半部の「米国空軍も使っているので」が根拠で、後半部の「世界最高品質です」が主張です。根拠となる米国空軍がその無線機を使っていることは事実だとしましょう。だとすれば、ここで使われている根拠はB型のような不実ではありません。

しかし、この根拠が示されることで、万人が「その無線機は世界最高品質です」という主張に納得するでしょうか。とてもそうは思えません。なぜでしょうか。

「米国空軍が使っている」という事実には、「世界最高品質です」という主張を支える能力がそもそもありません。つまり、「根拠能力」がないのです。日本の航空自衛隊のほうがさらに高機能な無線機を保有しているかもしれません。「米国空軍が使っている」ことが事実であれば、その無線機がそれなりの品質であり、粗悪品ではないだろう、との印象にはつながります。それでもやはり、「世界最高品質です」と言い切れるほどの根拠能力はありません。

根拠能力がない根拠は、説得相手に「なぜ、米国空軍が使っていると、世界最高品質ということが言えるのですか?」と質問されると、答えに窮するからです。この質問は、「どうして『米国空軍が使っている』ことが『世界最高品質』の根拠になりえるのですか?」という質問と同じです。つまり、根拠能力自体を疑われてしまうのです。

これが広告だとすれば、猜疑心旺盛な人ならすぐに「誇張だろう」という胡散臭さを感じます。その結果、この企業の主張全体に対して警戒心を持つようになってしまいます。販売促進を狙っている広告なのに逆効果です。残念ながら、毎日、このような広告が大量に目や耳に飛び込んでくるのが現状です。

私たちは根拠能力のない根拠を他人から聞かされると、すぐに「おかしい」と気づけるものです。しかし、自分の主張に対しては、本人の自覚がないままに、根拠能力のない根拠を織り交ぜがちです。

この「本人の自覚がないままに」というのが最も悩ましい点であり、これはC型に限った現象ではありません。A型やB型をも含めたすべての「根拠の不備」に共通する現象です。自覚していないからこそ、重要なシーンで根拠の不備を露呈してしまうわけです。

「騙してやろう」という意図を持ったウソつきの場合なら理解できます。ウソを支えるピラミッド構造を作ろうとしても、真実の根拠が揃うはずがなく、そもそも根拠は不備にならざるをえないからです。ところが、相手を騙そうという意図がない私たちも、自覚せずに根拠能力のない根拠で説明しがちです。十分、注意しましょう。

作戦⑬ 根拠能力を確認せよ！

- その根拠でその主張を導けるか冷静に再確認せよ！
- その根拠からその主張までに飛躍はないかチェックせよ！
- インパクトを狙って誇張になっていないかチェックせよ！

作戦⑭ 「つなぎ言葉」を効果的に使え！

◆予告効果

ここで言う「つなぎ言葉」とは、「なぜなら」「つまり」「したがって」のような接続詞のことです。あなたの周囲で論理的に主張する人は、このようなつなぎ言葉を巧みに使う人ではないでしょうか。

人を説得する上で、つなぎ言葉は極めて重要です。なぜなら、自分の説明の論理構造（ピラミッド構造）を説得相手に常時、把握させる手段だからです。私はたった今、直前の文で「なぜなら」というつなぎ言葉を使いました。私が今使った、「なぜなら」というつなぎ言葉の役割を考えてみましょう。それは、直前に私が述べた主張に対し、「その根拠をこれから述べますよ」という予告の役割を果たしています。

たとえ正しい根拠が準備されていたとしても、相手に渡すことができなければ、それは説得の失敗につながります。自分が構成しているピラミッド構造が正しいにもかかわらず、その正しいピラミッド構造が相手に伝わらないからです。

しかし、人は渡すことを予告されれば、心理的に準備ができ、渡されるものをしっかり受け取れるのです。ピッチャーとキャッチャーは、次に投げる球種をサインで事前にしっかりと決めます。キャッチャーが待ち受けているその球種をピッチャーが投げれば、キャッチャーもしっかりとその球を捕れるからです。

つなぎ言葉の効果もこれと同じです。さきほど私が「なぜなら」というつなぎ言葉で渡すことを予告したものとは、「根拠」です。

この「予告効果」は、第4章「分かりやすく説明せよ！」の中で紹介した「作戦5　設計図を最初に渡せ！」と同じ理念です。「設計図を最初に渡せ！」の理念が想定している文章の固まりは、「段落」など比較的大きな単位です。一方、つなぎ言葉が予告効果を発揮するのは、「文」という小さな単位です。

ちなみに、私がここで使ってきた「段落」や「文」という表現から誤解なさらないでください。つなぎ言葉が論理的説明で重要なのは、文章説明に限らず、もちろん、口頭説明でもまったく同じです。

◆さまざまな論理展開

先ほどは「なぜなら」のつなぎ言葉で「根拠」を渡す予告の例を紹介しました。しかし、予告の対象は、もちろん根拠だけではありません。「したがって」のように、直前に述べた根拠から、次に「主張」や「結論」を渡すことを予告する例もあります。根拠を述べてから主張を述べたり、逆に主張を述べてから根拠を説明するなど、論理展開の手順はいろいろとあるからです。

◇根拠の予告「なぜなら」

欧州市場から完全撤退するべきです。**なぜなら**、ここ数年間で欧州市場でのシェアが半減し、挽回の目処がまったく立たないからです。

◇主張の予告「したがって」

ここ数年間で欧州市場でのシェアが半減し、挽回の目処がまったく立ちません。**したがって、**欧州市場から完全撤退するべきです。

「根拠の予告」と「主張の予告」は、逆方向です。図P（172ページ）の小さなピラミッドの下方向の説明と上方向の説明に該当します。通常は、この小さなピラミッドを相手に伝える場合、上方向の説明か下方向の説明か、いずれか一方で十分です。

ただし、くどくならない範囲なら、上下両方向の説明を行うことで、それだけ相手の脳内にピラミッドを強固に焼きつけることができます。とくに途中に長い詳細説明などが挟まれた場合、上下両方向の説明を行うことは冗長ではありません。これは、「作戦10　サンドイッチ構造で説明せよ！」（171ページ）で解説した理念と同じです。

◆つなぎ言葉の分類

もちろん、つなぎ言葉の役割は、ピラミッド構造の上方向、下方向の説明だけではありません。その他の役割を用途別に以下に分類しておきます。ふだん何げなく使っているつなぎ言葉も、分類全体を俯瞰、意識すれば、より適切に使えるはずです。

◇**根拠、理由、原因を誘導する**

「なぜなら」「なぜかと言えば」「というのは」など

例文：というのは、断れば嫌われると思ったからです。（理由説明）

◇**主張、行動、結果、結論を誘導する**

「したがって」「その結果」「ですから」「結局」など

例文：ですから、ミーティングの頻度を隔週に変更したのです。（行動説明）

例文：したがって、来月分だけ発注を中止するべきです。（主張説明）

◇**簡潔に言い換える**

「つまり」「要するに」「すなわち」「言い換えれば」「結局」など

例文：つまり、すぐに実施すべきではないということです。

サンドイッチ構造で最後に同じ主張を簡潔に繰り返すような場合も、これらの「簡潔に言い換える接続詞」を使うと効果的です。

◇直前と逆の趣旨を述べる

「しかし」「とはいっても」「けれども」「ところが」など

例文：飲むこと自体は好きです。しかし、宴会等の飲み会は嫌いです。

例文：一部、未完成な部分も多いと感じます。とはいっても、全体としては賛成です。

自分の主張を相手に印象づけるため、あえて主張と逆の趣旨で前振りし、その直後に、これらの逆説接続詞を使って自分の本音を述べると効果的です。

◇二つを対比させる

「一方」「他方」「それに対し」「反対に」など

例文：一方、レストランの注文カードのほうはピンと来たのではないでしょうか。

例文：アナロジー思考は原始的能力であり、それに対し、論理的思考は、より人間らしい高度な能力と言えるでしょう。

二つの事柄を対比的に説明するとき、その「対比」を分かりやすく浮かび上がらせるつなぎ言葉です。

◇補足する

「ただし」「もっとも」「ちなみに」「さらに」「なお」など

例文：もっとも、すべてが嫌いというわけではありません。

作戦⑭ 「つなぎ言葉」を効果的に使え！

- つなぎ言葉の予告効果を活用せよ！
- つなぎ言葉で論理の道筋を明示せよ！
- つなぎ言葉でピラミッドを上下から補強せよ！

第6章

説得力を強めるチェックリスト

第6章では、第5章までで解説した諸々の作戦をあなたが実践する上で活用してほしいチェックリストを用意しました。このチェックリストによって、あなたの問題点を効果的に浮かび上がらせることができます。このチェックリストの部分だけコピーを取り、さまざまな仕事に活用してください。

各設問に対し、あなたが「問題あり」と感じる設問にチェックマークをつけてください。それらの項目に対して集中的に対策を取りましょう。あなたの説得力は格段に強化されるはずです。

作戦1 「鵜呑み」習慣は卒業したか？

- □「なぜそうなるのか？」と常に考えているか？
- □人の話は「主張」と「根拠」のセットで聞いているか？
- □根拠を確認できない情報は無視しているか？
- □自分の打率を上げようという意識を持っているか？

作戦2 「たとえ話」のセンスを磨いているか？

- □時には、物事を鳥の目で見ているか？
- □時には、哲学者のように物思いにふけっているか？

□ 時には、天の邪鬼になっているか？

□ 一日一題、謎かけしているか？

作戦 3 論理の落とし穴に注意しているか？

□ 説得力を損なう最大要因は誤った主張だと認識しているか？

□ 「裏」が常に正しいとは限らないことを認識しているか？

□ 「逆」が常に正しいとは限らないことを認識しているか？

□ 「対偶」で、その説明を単純化できないか？

□ 「対偶」で、その主張を自己点検しているか？

作戦 4 意識して細切れに伝えているか？

□ 欲張って、一文をだらだらと引っ張っていないか？

□ 一文をもっと簡潔に短くできないか？

□ 聞き手の短期記憶が溢れないように丁寧に話しているか？

□ 話すとき、文の切れ目の句点で「間」を入れているか？

作戦5 設計図を最初に渡しているか？

□各テーマの冒頭で主張を簡潔に述べているか？
□「いったい何が言いたいんだろう？」には、冒頭で答えているか？
□設計図効果で後続の詳細情報を分かりやすくしているか？
□看板効果で相手の取捨選択を助けているか？
□文章の長めの段落には適切な見出しをつけているか？
□見出しをつけない文章の固まりでも冒頭で主張を述べているか？
□口頭説明では相手の要望に応じて中途割愛しているか？

作戦6 相手の視点から説明しているか？

□相手を観察しているか？
□通訳する意識を持っているか？
□相手の前提知識を正確に把握しているか？
□割愛できる部分とできない部分の線引きをしているか？
□前提共有の錯覚をしていないか？

□自分たちだけの常識に対する説明を誤って割愛していないか？

作戦7 たとえ話で説明しているか？

□ターゲットにすべき伝えたい主張を把握したか？
□ターゲットの上位分類からキーワードをリストアップしたか？
□それらのキーワードをなるべく多く含むベースを決めたか？
□そのベースに足りないキーワードを創作してつけ加えたか？

作戦8 例示、例証しているか？

□一般に馴染みのない主張をしたときは、直後に例示しているか？
□相手が納得していないようなら、例証でさらに心証を高めているか？

作戦9 主張の真偽を事前確認しているか？

□自分の最終主張が正しいことを事前チェックしたか？
□ウソだった場合、訂正して真実の主張に変えたか？
□主張に誇張がある場合も、誇張部分を訂正して真実の主張に変えたか？

□上司からの指示でもウソがあれば、「このままでは説得力がない」と主張したか？
□ウソは最終的には自分たちが損をすることを認識しているか？
□事前確認の過程で得られた情報も根拠として活用しているか？

作戦 10 サンドイッチ構造で説明しているか？

□説明のひと固まりが大きい場合は、冒頭で述べた主張を最後に繰り返しているか？
□冒頭の主張からは「なぜなら」などのつなぎ言葉で論理展開しているか？
□「したがって」などのつなぎ言葉で最後の主張につないでいるか？
□ピラミッドの下方向と上方向の双方向から頑強に説明しているか？

作戦 11 常識のギャップに注意しているか？

□専門家である自分の常識を世間一般の常識と勘違いしていないか？
□自分の常識だからという理由で根拠説明を安易に省略していないか？
□素人相手への説明で根拠説明を安易に省略していないか？
□自分が鵜呑みにしている主張を他人に受け売りしていないか？
□相手が猜疑心旺盛な人物だと想定して根拠説明を準備しているか？

作戦12　根拠の裏づけを取っているか?

- □ 事実でない根拠は排除しているか?
- □ 事実かどうか自信がない根拠は必ず裏づけを取っているか?
- □ 自分自身が信じている根拠も裏づけを取っているか?

作戦13　根拠能力を確認しているか?

- □ その根拠でその主張を導けるか冷静に再確認したか?
- □ その根拠からその主張までに飛躍はないか?
- □ インパクトを狙って誇張になっていないか?

作戦14　「つなぎ言葉」を効果的に使っているか?

- □ つなぎ言葉の予告効果を活用しているか?
- □ つなぎ言葉で論理の道筋を明示しているか?
- □ つなぎ言葉でピラミッドを上下から補強しているか?

N.D.C.809　205p　18cm

ブルーバックス　B-1919

「説得力《せつとくりよく》」を強《つよ》くする

必ず相手を納得させる14の作戦

2015年6月20日　第1刷発行

著者　藤沢晃治《ふじさわこうじ》

発行者　鈴木　哲

発行所　株式会社講談社

〒112-8001 東京都文京区音羽2-12-21

電話　出版　03-5395-3524

販売　03-5395-4415

業務　03-5395-3615

印刷所　（本文印刷）慶昌堂印刷株式会社

（カバー表紙印刷）信毎書籍印刷株式会社

製本所　株式会社国宝社

定価はカバーに表示してあります。

ISBN978－4－06－257919－3

発刊のことば

科学をあなたのポケットに

二十世紀最大の特色は、それが科学時代であるということです。科学は日に日に進歩を続け、止まるところを知りません。ひと昔前の夢物語もどんどん現実化しており、今やわれわれの生活のすべてが、科学によってゆり動かされているといっても過言ではないでしょう。

そのような背景を考えれば、学者や学生はもちろん、産業人も、セールスマンも、ジャーナリストも、家庭の主婦も、みんなが科学を知らなければ、時代の流れに逆らうことになるでしょう。

ブルーバックス発刊の意義と必然性はそこにあります。このシリーズは、読む人に科学的に物を考える習慣と、科学的に物を見る目を養っていただくことを最大の目標にしています。そのためには、単に原理や法則の解説に終始するのではなくて、政治や経済など、社会科学や人文科学にも関連させて、広い視野から問題を追究していきます。科学はむずかしいという先入観を改める表現と構成、それも類書にないブルーバックスの特色であると信じます。

一九六三年九月

野間省一